PRENTICE HALL ②

Realidades

TPR Stories
for *Realidades*

Karen Rowan

Colorado Springs, CO

Foreword by Blaine Ray

PEARSON

Prentice
Hall

Boston, Massachusetts
Upper Saddle River, New Jersey

This book is dedicated to Steve Krashen, to Blaine and Christi Ray, to the thousands of TPRS teachers on the MoreTPRS listserv and at the National TPRS Conference, to all of our students, to the residents of Guanajuato, Mexico, to my visionary co-creators, and to my editor, Catherine Shapiro, for bringing infinite amounts of grace into my life. And to Eric Murphy, the quintessential genius Web master, who holds, shares, and manifests my vision and is far too humble to find this dedication to be anything but a preposterous exaggeration. Without him I would just be a strange woman with crazy ideas that never actually happen. And mostly to Kassidy, around whom my entire universe happily revolves, who taught me how to recognize all students as someone else's perfect, precious children, and to teach each of them straight from my heart. She is not humble, and will find this dedication to be lacking.

My deepest debt of gratitude and 483 million dollars and twelve cents are owed to Alison Eustice, Carmen Andrews-Sanchez, and Nathan Glockle, TPRS teachers who contributed ideas, stories, hooks, PQA questions, and gestures to many of the chapters in this book.

This book is a magic book. It is guaranteed to do some of the following things: make your life easier, make you happier, make you more rested, prevent you from having to grade essays all weekend long, make you laugh more, make you eat more vegetables, provide for a deeper connection with your students, prevent you from having to plan lessons for 4 hours and 28 minutes each Sunday night, make you love teaching more, make you sillier, give you more time with your family and friends, make you lose weight and exercise more, make your hair grow back, make people send you flowers, make you drink 8 glasses of water each day, make all your happiest dreams come true, make your students start speaking in Spanish, and make your house clean itself. Each time you teach from this book, more of them will happen. Magic takes practice.

11 12 13 14 15 16   12 11 10 09

ISBN 0-13-035979-3

Foreword

by Blaine Ray, inventor of TPRS

TPR Storytelling has existed for more than 15 years and is still constantly changing. We are on a mission to learn how to teach better. As we began teaching language classes to adults two years ago and teachers were able to take TPRS classes in languages they had not previously known, we realized that the best way for teachers to learn TPRS is to experience what their students do. Teachers have tested into as high as the fourth year of college language after a week of a Fluency Fast TPRS class. As a teacher, you can get the best idea of what your students are acquiring by constantly paying attention to your barometer student.

I recently visited my son Von Ray's class. We filmed it because we wanted to show the class in a workshop. The class was of sixth graders who had studied Spanish for 30 hours. I showed the retell in the workshop. The girl spoke for a few minutes in near perfect Spanish. She used terms like *le dijo* and *Yo solo tenía un animal* and *tradujo*. One person asked, "Does she have Spanish-speaking parents? She must have Spanish-speaking parents because there is no way my college students could speak that way." It was hard to believe because she was too good. That's the kind of student success we want.

TPRS is based on the input hypothesis. That is that language is acquired through comprehensible input. Input in the classroom is listening and reading. But the challenge is making class comprehensible. Most teachers feel they are making their classes comprehensible. All benefit from going slower and from constant comprehension checks. This is the key to good TPRS. Teachers already know the language. We have a feeling it is easy. We feel being repetitive is boring. But when you experience this as a student, you feel just the opposite. You feel like you can't get enough repetitions. Remember, we are repetitive to make the class comprehensible. That is the purpose of getting 70 reps of the phrase we are working on. Students can't learn by hearing things once. They need a great deal of repetition to get gains in the language.

When babies acquire language, they have thousands of hours to learn it. In class, we are lucky to have our students for 150 hours a year. Therefore, it is imperative that we use every minute of class time in the best possible way. Language learning in the classroom must also be interesting and believable. This is by far the most difficult part of TPRS. Language has never been truly learned only by studying the pieces of language (isolated vocabulary and grammar rules). It can only be acquired through comprehensible input.

Language acquisition is NOT predictable. That is why we don't focus on output. We do focus on input. When we hear errors in student output and realize that they haven't acquired what we thought they had, we can see the reality of the situation. So how do we get them to hear *Tengo que comer* instead of *Tengo comer*? We just use "pop-up meaning." It gets kids to focus on the *que*. It is done through questioning.

The questioning technique is a constant process in TPRS teaching. If you do it on a consistent basis, you will see the *tiene que* construction emerge in the students' writing and talking. You won't be upset if it isn't in their speech now because you know it takes time. It takes what it takes. Since this will always be your method of teaching, it doesn't matter how long it takes for this to show up in their speech or writing.

Jim Trelease in *The Read Aloud Handbook* says that the average adult uses only 1800 different words in everyday speech. Our students need to know far fewer words to have the fluency of a beginner. About one-third of Spanish words are cognates with English. The problem is not vocabulary, but structure. TPRS limits new vocabulary to just three words or phrases at a time. We then take these words or phrases and put them in a story. In the story, we ask questions using these words or phrases. The questioning technique is our primary focus in TPRS. The teacher is in control of the content and the vocabulary. Answers to the questions let the teacher know the students understand. They also keep the teacher focused on just the new words. By making a statement and then "circling" (asking 5 questions about the statement) the teacher is able to use the word or phrase 6 times. By adding a detail to the story, the teacher is then able to ask the same question many more times in varied and interesting ways. It is through this process that students acquire the language by hearing and understanding repetitive language.

TPRS is for teaching structure and fluency. Therefore we want to limit the vocabulary we teach to high-frequency words needed for speech. The phrases are the structure we want to teach. *Acaba de bailar* is a phrase and it is also a structure. It is just as easy to teach *quiere bailar* as *quiere*. That is why we are teaching so much more now.

Becoming a TPRS teacher takes time. Our goal has always been to do what is best for teachers. Teachers need to remember that "getting it" is a process. You don't just "get it." It's a journey. So you just work on the journey and mostly you just love your kids. The rest will come. I hope that you will find Karen Rowan's latest TPRS book a great help on your journey.

The Beginning of *TPR Storytelling*

Teaching Proficiency through Reading and Storytelling, formerly known as Total Physical Response Storytelling, is a method for teaching foreign languages that was invented by Spanish teacher Blaine Ray of Bakersfield, California, in 1990. The original objective was to create a method that would prepare students for the College Board Advanced Placement Exam from level 1. But as the technique was developed over the years, it became an all-encompassing method and methodology.

TPRS was originally based on Dr. James Asher's Total Physical Response method. Asher found that students acquire their second language similarly to the way they acquired their first language, through responding physically to commands and questions. TPRS evolved into a combination of TPR and the Natural Approach (invented by Dr. Stephen Krashen and Dr. Tracy D. Terrell). The Natural Approach is also based on duplicating the way students acquire their first language. Krashen and Terrell found that languages are acquired through comprehensible input. We pick up language when we hear messages that carry meaning that we understand. Since students learn as babies learn, we should not expect them to produce the language before they have had an ample amount of time to listen to it.

With TPRS, students rapidly acquire the second language just as Dr. Krashen imagined: effortlessly and involuntarily. In Blaine Ray's teaching, complex grammatical structures were internalized earlier and retained longer. Ray's TPRS uses the narrative and descriptive modes of speech (the smart boy walks to the clever girl's house) rather than the imperative mode of Classical TPR. (Stand up! Sit down! If Eric is sitting down, clap your hands.) Stories are easily embedded into long-term memory. In working with students, Ray further discovered that when students gestured the vocabulary and then acted out the stories, he preserved the highly effective physical element that had been so powerful in Classical TPR.

TPR stories are bizarre, exaggerated, and personalized in order to keep students interested enough to take in the comprehensible input. Input is one hundred percent comprehensible at all times. One difficult vocabulary word might be repeated in a variety of different ways 50–150 times in one lesson in context and in a variety of different ways.

TPRS classes are conducted almost entirely in the target language. English is occasionally used to help make the target language comprehensible. To ensure that a story is comprehensible, we use the same kinds of language techniques in our classes that we use, quite naturally, when telling stories to children: dramatic voice inflection, repetition, rephrasing, commenting on the conduct of a character, and asking simple questions to ensure that students follow the story line.

Although nationwide fewer than 10 percent of high school students proceed to the highest levels of foreign language offered in our schools and even fewer proceed to college foreign language studies,[1] TPRS teachers have seen enrollment in our programs increase by as much as 400 percent after TPRS programs were introduced. More students are passing the AP exam, and many have passed in as little as 3 years of language study.

[1]Lawson, J.H. "Should foreign language be eliminated from the curriculum?" 1971.

Why TPRS Works

The most important element of a successful TPRS program is the awareness that our focus is our students, not the story. A good relationship with students is the foundation of a successful TPRS program. We establish this connection by personalizing our stories. Every story is bizarre, in order to maintain the interest of our students, and personalized, because the only thing our students are truly interested in is themselves. The instructional pace should be based entirely upon an assessment by the teacher of how thoroughly the students have internalized the language. The most important element in any TPRS program is the quantity and quality of the unconditional love, positive feedback, pats on the back, and hearty applause provided to the students by the teacher. The goal of TPRS is to make students fluent and proficient in a second language through ample exposure to interesting, comprehensible input. As a result, we have students who are excited about foreign languages, eager to stay in our classes all the way through school . . . and, ultimately, bilingual.

How to Learn TPRS

This book will acquaint you with some TPRS basics and help you use TPRS with the *Realidades* program. To become a TPRS teacher, you will also need to attend workshops and seek out additional resources. You will find TPRS workshops and TPRS coaching workshops at www.BlaineRayTPRS.com, and you will also find TPRS sessions at state and national conferences. It is recommended that you attend more than one workshop to truly internalize the method. A Web search will also help you locate TPRS presenters and essential TPRS literature. For a starting point, consult the "Recommended Reading" section at the end of this Introduction.

How to Use *TPR Stories* for *Realidades*

After this Introduction, you will find Classical TPR lessons for *temas* 1–7. These lessons contain the chapter vocabulary words that can easily be taught through TPR. Usually, a chapter's TPR words can be taught in a one-day lesson. Before you begin each chapter, refer to the Classical TPR section at the beginning of the book to help you teach the chapter's TPR words. Once you have taught the TPR words, be sure to recycle them into the *Personalized Questions* and *Personalized Mini-Situations* contained in the chapters. Note that chapter 6B does not have a TPR lesson because the chapter vocabulary words are either cognates or taught in the TPRS section. There are no Classical TPR lessons for *temas* 8 and 9.

Structure of each *Tema*

Paralleling the structure of the *Realidades* Student Edition, each *tema* is divided into two chapters. Within the chapters you will find:

1. One *Cognate Reading* that permits students to internalize the cognate vocabulary taught in the chapter. These cognates should also be recycled throughout the chapter. In general, cognates are not taught in the TPR lessons or *Personalized Mini-Situations*.

2. Up to four *Personalized Mini-Situations,* usually containing three new vocabulary words each. These mini-situations provide ideas and scripts for teaching chapter vocabulary and concepts through TPRS.

3. One illustrated *Extended Reading*.

The Steps of TPRS

Originated by Blaine Ray, the Steps of TPRS are the procedure teachers follow in the TPRS classroom. Note that Blaine Ray restructured the Steps of TPRS at the National TPRS Conference in 2004 so that there are now 3 Steps instead of 7.

The *Personalized Mini-Situation* pages for each **Realidades** chapter are structured to reflect the Steps of TPRS. The first column of each *Personalized Mini-Situation* page contains *Step 1: Introduce Vocabulary*. Columns two and three guide the teacher in implementing *Step 2: Ask the Story*. The *Personalized Mini-Situation* in column 2 and the *Extended Reading* provide material for *Step 3: Reading*.

STEP 1: INTRODUCE VOCABULARY

Through Gesturing and Personalized Questions and Answers

Column one, *Gestures* (2 minutes or fewer)

1. Write the vocabulary words on the board in Spanish and English.
2. Model the gestures for each vocabulary word for students while saying the words. Students repeat the gesture but don't verbalize the word.
3. Repeat the gestures 2 or 3 times. Model gestures. Delay modeling. Remove modeling. Use a mnemonic device, memory aid association, or visualization when possible.
4. Explain any grammar in the vocabulary words, if necessary (1–5 seconds). For example, you might say, "*Gana* means 'wins,' not 'to win.'"

Column 1, *Personalized Questions and Answers*

1. Ask the listed questions, but feel free to speak conversationally.
2. Compare and contrast student responses.
3. Launch questions about student responses to other students in the class.
4. Show interest in the students and enthusiasm for their responses.
5. Always seek to make the students look good.
6. Occasionally turn students' responses into three- or four-sentence stories about them, without having students act the stories out (passive personalized mini-situation).
7. When the answers are uninteresting say, "I need a liar!" and encourage exaggerated, unusual, or bizarre answers.

How to Ensure One Hundred Percent Comprehensibility

Barometer Students
Look for any students who seem to lack confidence or who are gesturing incorrectly. These students can be your barometer students. Check all the gestures as well as the English definitions with the barometer student or students selected. Assess by determining whether a barometer student can translate the words. Continually assess throughout every step.

The "Incomprehensible" Signal
Agree on a sign your students can use to indicate to you, at any point in the lesson, that they do not understand. For example, students might cross the index fingers of each hand to make an *X* or punch the palm of one hand with a fist. When students indicate that they understand less than one hundred percent of the input being provided, they will signal you, and you will immediately stop and clarify or translate.

Personalize
The more information about the students you acquired in this step, the more you can be integrated into the story. The more personalized information there is in the story, the more students will pay attention. The more they pay attention, the more of the input will be comprehensible.

© Pearson Education, Inc.

STEP 2: ASK THE STORY

The *Personalized Mini-Situation* and *Ask the Story* sections in columns 2 and 3 are designed to help you implement this step.

Acting Out the Story

Select an individual student to be the main character (or star) as you block and direct. Ensure that your actors act out what you are saying, precisely when and how you say it. Accurate depiction of your narration by the student actors makes the story comprehensible to students in the "audience."

Be sure your actors follow blocking directions, and be consistent about the locations for different scenes in the story. For example, an imaginary store that is in the northwest corner of the classroom at the beginning of the story stays in the same location throughout that story. Altering the space creates confusion, particularly for visual learners. Both the *Personalized Mini-Situation* and *Ask the Story* indicate each separate location used in a story. For example, "**L1:** (el restaurante)" at the beginning of a paragraph indicates that location 1 is a restaurant.

Face the class and use the actor as a prop. Use the real names of the students as the character names and compliment them profusely *(Sam, el mejor jugador de béisbol de todo el mundo)*. Coach melodramatic acting. Encourage students to "ham it up," and then enjoy the energetic actors! Props are fun, but not necessary.

Narrate and "Ask" the Story

Direct your story and questions to the audience, not to the actors. Teach directly to your students' eyes, maintaining constant eye contact. The general rule of thumb for "asking the story" is to never make two statements in a row. After each statement in the story, ask as many questions as you can think of using the vocabulary word. If the statement in the story is *El chico tiene un horario difícil*, follow it up with questions using "who?" *(¿Quién tiene un horario fácil?)*, "what?" *(¿El chico tiene un horario fácil o un horario difícil?)*, "where?" *(¿Dónde tiene un horario fácil?)*, "when?" *(¿Cuándo tiene un horario fácil?)*, and "how many?" *(¿Cuántas clases tiene en el horario?)*.

Vary the level of questioning (yes/no, one-word answers, questions with answers that are not in the story, fill-in-the-blank, correcting misstatements). Elicit more and more specific details. Add additional details to the story that were not supplied the first time, detailed descriptions of the people and places in the story, clarifications of the sequence of events, additional characters, secret motives, and brief background explanations. All the input should be one hundred percent comprehensible all the time. Postpone more complex "how" and "why" questions until late in the story.

The *Personalized Mini-Situation* and *Ask the Story* sections in columns 2 and 3 function as abbreviated scripts you can use for your stories. *Ask the Story* provides ideas for questions, and the *Personalized Mini-Situation* provides a story based on the questions. You may wish to either add to these scripts while reading them or just use them for general ideas. As they gain experience, most teachers find that a few suggestions for questions are sufficient, and they create their own questions naturally as they are telling the story.

Make it Bizarre

Encourage bizarre or exaggerated responses to questions—the stranger the better! Responses to questions could be inspired by current events, politics, tabloid headlines, school activities such as Homecoming, responses from the *Personalized Questions and Answers*, names of celebrities, teachers, the principal or "character" students, or brand names of popular products. You can structure questions to elicit bizarre, exaggerated responses. *(¿Es un muchacho fuerte? ¿Es el muchacho más fuerte de todo el mundo? ¿Adónde va el muchacho? ¿Al baño o a la Luna? ¿Cuántos ombligos tiene el muchacho?)*

Exaggerate or Drastically Minimize Size, Quality, and Quantity

Examples: The toothbrush was longer than the Empire State Building; the sandwich was larger than a car; the dog was smaller than a spider; smarter than Einstein; the strongest woman in the entire universe; the most handsome boy in the world; richer than Bill; one penny; 1,400,006 dollars and 41 cents; 98 Martians. It is especially effective to use the exaggeration of quality to compliment students on their characteristics. These details cannot be included in the scripts, because your class is unique! Look for every opportunity to be more specific and more detailed. Always demonstrate deep belief in the story no matter how ridiculous your statements are!

Personalize the Story

Many stories have prompts instead of characters' names so that the names of the actors performing the stories can be used. In other cases, generic character names such as *el hombre* or *la chica* can be replaced with students' names. You should also solicit input from students to fill in blanks for currently popular celebrities, well-known product names, and local eateries and stores. Some of the stories take place in *[name of your school]*. Some of the characters run into *[name of famous actress]*. These blanks can appear not only in stories but also in personalized questions, as teachers ask a student if he or she prefers to eat at *[local fast-food restaurant]* or *[local auto repair shop]*. Feel free to further customize the stories.

Encourage audience participation. Ask for choral responses such as *¡Uf!, ¡Ay, ay ay!, ¡Qué ridículo!, ¡Buuuuuu!,* and *¡Es obvio!*

Ask the Story and TPRS Techniques

You will notice that the *Ask the Story* section uses some notation. This notation is designed to point out chapter vocabulary and to help you implement TPRS techniques. Boldface words are chapter vocabulary words. A circle (○) at the end of a sentence indicates circling (see below). Underlining indicates pop-ups (see below). And at the bottom of column 3, you will find hooks, ideas for changing or extending the stories in a bizarre or exaggerated way.

Circling

When you see the circle symbol (○), you should "circle" the sentence that precedes the symbol. Circling is a technique for increasing repetitions of targeted vocabulary through a sequence of questions and statements. It should not be used for every sentence, or it will become predictable and boring. Circling questions should be asked slowly. If there is a need for circling, there is also a need for deliberately slow speech to increase comprehension. Here's an example from Chapter 6A that highlights repetitions of *se puso*:

PRIMARY: se puso triste SECONDARY: perdió	Teacher statement or question	Class response
Statement:	El jugador se puso triste. (from the *PMS* column)	¡Ooooooh, noooooo!
Question:	¿Se puso triste el jugador?	¡Sí!
Either/Or:	¿Se puso triste cuando perdió por la primera vez o se puso alegre? ○ (from the *Ask the Story* Column)	Triste
Negative:	¿Se puso alegre cuando perdió por la primera vez?	¡No!
Positive:	¿Se puso triste cuando perdió por la primera vez?	¡Sí!
Re-state:	Sí, el jugador se puso triste cuando perdió por la primera vez.	¡Ay! / ¡Qué triste! / ¡Ay, no! ¡Ay, no!

If the barometer student is comfortable with *se puso*, move on to the next sentence. If not, circle a different part of the same sentence, like this:

© Pearson Education, Inc.

PRIMARY: se puso triste SECONDARY: perdió	Teacher statement or question	Class response
Statement:	El jugador se puso triste cuando perdió por la primera vez.	¡Qué malo!
Question:	¿Se puso triste el jugador cuando perdió por la primera vez?	¡Sí!
Either/Or:	¿Se puso triste el jugador cuando perdió por la primera vez o se puso triste Peter Pan cuando perdió por la primera vez?	El jugador
Negative:	¿Se puso triste Peter Pan cuando perdió por la primera vez?	¡No!
Positive:	¿Se puso triste el jugador cuando perdió por la primera vez?	¡Sí!
Re-state:	Sí, el jugador se puso triste cuando perdió por la primera vez.	¡Ay, no! ¡Ay, no!

Move on to the next sentence when the barometer student demonstrates complete comprehension: *¿El jugador se puso triste porque el público siempre <u>se aburría y se dormía</u> durante los partidos?*

Ask . . . *Who* became sad because . . . ? *When* did he become sad because . . . ? *Where* did he become sad because . . . ? He became sad at Tammy's house? (Personalize the questions based on student responses or any other question words that occur to you about this statement. Question word posters are helpful when you're trying to think of question words quickly. Go to www.TPRStories.com for a free download of color posters.)

Then move on to the next sentence, *¿El jugador se puso triste porque no tenía un perro o porque el público se aburría?* ○, which circles a portion of the previous statement to create repetitions of *"se aburría."*

PRIMARY: se aburría SECONDARY: Se puso triste	Teacher statement or question	Class response
Statement:	El jugador se puso triste porque el público siempre se aburría. (from the *PMS* column)	¡Qué horror!
Question:	¿Se puso triste el jugador porque el público se aburría?	¡Sí!
Either/Or:	¿El jugador se puso triste porque no tenía un perro o porque el público se aburría? ○ (from the *Ask the Story* column)	El público
Negative:	¿El jugador se puso triste porque no tenía un perro?	¡No!
Positive:	¿El jugador se puso triste porque el público se aburría?	¡Sí!
Re-state:	Sí, el jugador se puso triste porque el público siempre se aburría.	¡Por supuesto!

Pop-ups

Suggestions for places to use pop-up meaning or grammar explanations are indicated by underlining. Interrupt yourself in English, ask what the word means in 2 seconds or less, translate it, and return to the story. In *1 to 2 seconds,* insert "pop-up" grammar in one of 3 ways:

1. Explanations in response to a signal or question from a student.

   Student: Why did you say *le* last time and *la* this time?
   Teacher: Because this time I'm talking about "her."

2. Ask a question focusing students on 1 feature.

   Teacher: Class, what does the *-n* do in *comen*? What would *come* mean without the *-n*?
   Teacher: What does the *le* mean in *le dijo*?
   Students: "To him" or "to her."
   Teacher: Right!

3. Using *Personalized Questions and Answers* to draw attention to the first person singular and second person singular forms of the verb.

   Teacher: *¿Quieres comer en un restaurante hoy?* Why did I say *quieres*? What does the *-s* do?

Hooks

The hooks at the bottom of column 3 are possible twists or endings that would make the story fun. In this story, when the *jugador* tells his wife what happened at the game, she gets bored listening to him and falls asleep. Use the hooks if you and your students don't come up with better or more personalized ideas.

STEP 3: READING

Have students translate the *Personalized Mini-Situation* (column 2) or the *Extended Reading.* Make sure all students understand the entire story. Make sure they understand all the grammar involved in the story. Use translation so the grammar is tied to meaning, not to a grammar rule.

Discuss the reading. Always discuss in Spanish. Relate the situation, the characters, and the plot to the students. Personalize. Ask if students have ever been in such a situation or known such a person. Capitalize on all the cultural information provided in the story.

Never have students read out loud in Spanish. Students cannot decode and read aloud at the same time. Read sentences aloud in Spanish yourself, interspersed with their English translation to provide more comprehensible input. Use opportunities for pop-up grammar.

Using the *Extended Reading*

Pre-reading

1. Before students even see the story, you can tell it using props and/or actions to convey the meaning. Be sure to move around to designate different speakers or places, and change your voice to indicate different characters. Simply adding a hat or eyeglasses really changes you into a different character.

2. Retell the story with student volunteers acting out the parts. You narrate and give them their lines as needed. If the group is attentive, retell a second time with different actors, and give the narrator role to a student as well.

3. Put up an overhead transparency of the illustration of the story. Ask students to guess what is happening in the frames prior to reading or hearing the story.

Reading

1. Copy and pass out the *Extended Reading.* Read the title and ask for predictions. Tap into prior knowledge. Read the first sentence and ask if students' curiosity is piqued. Read the last sentence and ask student to make more educated guesses about the story. Help students get interested in the characters and the action.

2. Ask students to follow silently on their own copy as you read the story aloud. They should mark the words they don't know, but they should not interrupt. Remember that they cannot decode and read aloud at the same time! Listening comprehension precedes reading comprehension. Students will quickly realize they have heard the story before. As you finish each paragraph, pause and ask for questions to check for comprehension. Questions can be in English or Spanish. Ask about difficult words and the words students marked. Ask if the marked words are essential to the flow of the story. The object is to understand the story, not translate every word. Help students guess at meaning from context.

Post-reading

1. As a group, divide the story into 6 parts. Give the students two to three minutes to draw the six sections of the story quickly on the back of the story page. Students then retell the story in their own words using their own drawings. Have students work in pairs and alternate drawings. Student 1 begins and talks about pictures 1, 3, and 5. Student 2 continues the same story and uses drawings 2, 4, and 6. Time the speakers and challenge them to talk 20 to 30 seconds about each drawing. After everyone has practiced with his or her partner, ask for a volunteer pair to show off for the entire class.

2. Give students topics for free writing (*escritura libre*) to expand upon the story. (See "Writing for Fluency" below.) Here are some options:
   a. Put up an overhead transparency of the story illustration and have students supply their own story for the illustration.
   b. Have students give the story a new title or change the main characters.
   c. Have students write a prequel or sequel.

3. Ask students to illustrate their *escritura libre* for homework.

4. Write a group invention story, recycling the ideas and vocabulary of the original, but change the events and, of course, the ending. Use real students and local activities to heighten interest.

5. Pass out the illustration of the *Extended Reading* and have students cut it into pieces. As you tell the story in a different order, they can put the frames into the new order.

6. Make a Venn diagram to compare and contrast characters with the students themselves.

7. Tell a new story while students illustrate it. Have them tell the story to their parents or another teachers for homework.

Free Voluntary Reading

Allow students access to children's books in Spanish. Give them a comfortable, quiet place to read for ten minutes. If they finish a book, they can put it back and get another. If they don't like a book, they can trade. You should read silently simultaneously. Krashen's research supports the assertion that children need two things in order to learn to read in any language: access to books and a quiet, comfortable place to read. He asserts that 70 percent of a literate person's language comes from reading.

A TPRS program is not complete without a heavy emphasis on reading. Read and discuss children's books or other readers in class. Ask a student to translate passages aloud into English to demonstrate comprehension. Ask questions about what happened in the chapter. Act out passages. The readers that you choose must be at least 90 percent comprehensible to aid language acquisition and to allow independent reading.

Integrating the Realidades Student Edition

Throughout the chapters of *TPR Stories for Realidades* you will find page references to the **Realidades** *Student Edition*. The first *Personalized Mini-Situation* for each chapter contains references to the *A primera vista* section of the Student Edition and the *Videohistoria*. *A primera vista* is a contextualized presentation of the chapter vocabulary, and the *Videohistoria* gives students the opportunity to hear the chapter vocabulary spoken by native speakers in authentic contexts. It is strongly suggested that students preview the chapter vocabulary in these sections and watch the *Videohistoria* at least once at the start of each chapter.

Culture is an important element of this book and of the **Realidades** Student Edition. You will find frequent references to sections of the Student Edition that highlight culture, and many of the *Personalized Mini-Situations* contain cultural information and references. The page references highlight the *Fondos culturales* in the Student Edition, as well as the *La cultura en vivo, Perspectivas del mundo hispano,* and *¡Adelante! Lectura* sections. The *Fondos culturales* are brief culture capsules interspersed throughout the Student Edition chapters. *Perspectivas del mundo hispano* and *La cultura en vivo* provide more in-depth cultural and geographical information, and *¡Adelante! Lectura* gives students valuable reading comprehension strategies in a cultural context.

Before you teach a *Personalized Mini-Situation* or reading, have students read the relevant *Fondo cultural* or other section of the Student Edition and take time to discuss it. Or you may prefer to read and discuss all the *Fondos culturales* before you begin a chapter.

Many of the Student Edition activities also contain readings and realia of cultural interest or personal interest to students. It is suggested that you review each chapter of the Student Edition before you begin teaching the related *TPR Stories for Realidades* chapter, so that you can highlight all the materials you might wish to have students read and discuss.

Writing for Fluency

Technically, writing is not a component of TPRS. That is to say, many true TPRS programs and comprehensible input-based programs do not have any writing components to speak of. Some programs, however, do incorporate free writing, or *escritura libre.*

If free writing is included in a TPRS program, it should be incorporated for about 5 to 10 minutes per week, about 2 to 4 percent of all contact time. Created by Adele MacGowan-Gilhooly[2] free writing differs from essay writing because its goal is to improve fluency, not to improve accuracy. For optimal gains in written fluency, have students keep journals, and give them weekly timed writing assignments, such as the ones described in "Using the *Extended Reading*" above.

The first time students are asked to do a free writing exercise, have them write as many words as they can in 10 minutes (or 12, if you prefer). Their eventual goal is to write 100 words. Have students write as quickly as they can, but do not allow the use of English or blanks for words they do not know. They must find a way to "talk around" unknown words. Write a list of words on the board and have students write a story using those words. Then have them count their words at the end and write the total number of words at the top of their paper. The first free writing exercise generally results in very low scores. Since students are sometimes intimidated by writing this much, the first writing assignment should be worth fewer points.

When 80 percent of the students are consistently writing 80 words or more, shave another 30 seconds off the time. By the end of the year, students should be writing approximately 100 words in 5 to 8 minutes. Students do not earn extra credit for exceeding 100 words, even though they are not permitted to stop writing if they have written 100 words before time runs out. After the first few assignments, you may wish to conserve class time by assigning the free writing exercise as homework.

Writing for Accuracy

Class Invention

Write a story on an overhead transparency or the board. Students will contribute ideas for the story as it is being written. Coach responses by asking questions and rewording the responses. Once students have decided to write a story about "Ricardo," you might ask: *¿Tiene hermanos?* and *¿Qué le gusta hacer? ¿Le gusta más jugar al tenis o ir de pesca?* Subtly emphasize agreement and verb correctness as the story is being written. Have students simultaneously write the story in their notebooks as you draw attention to features of the language that are important for writing accuracy.

---

[2]MacGowan-Gilhooly, Adele. *Fluency First in ESL.* Audiotape and handout of "TeleTESOL" session on June 22, 1993. Alexandria, VA: Teachers of English to Speakers of Other Languages.

Assessment

"Weighing the pig more often will not make it grow faster."

Dr. Stephen Krashen

Teach to the Eyes

Throughout the entire lesson, as you are teaching, make constant eye contact with students to gauge whether or not they are achieving one hundred percent comprehension.

Assessment in TPRS is ongoing. Check students' comprehension daily by asking questions about the stories as they are being told and retold. Students who are answering are understanding. Check with barometer students to ensure that your pace is not too fast.

Testing

At the end of each chapter give an unannounced vocabulary test. An unannounced vocabulary test assesses how well students have acquired the vocabulary and what has been retained long-term. An announced vocabulary test assesses how thoroughly students have studied for the test.

Inform students at the start of the year that they should expect unannounced, cumulative vocabulary tests. After students appear to know the words, give them an English-to-Spanish matching test or write-in test using the words taught through TPR or TPRS. Because we teach for mastery in TPRS, a realistic goal is that 80 percent of the class will receive 80 percent or higher on each test. Our hope is that 100 percent of the students score between 90 and 100 percent, indicating that they have truly mastered, internalized, and acquired the vocabulary. Recycle any high-frequency vocabulary that has not been completely acquired into the next chapter.

The Extra-Credit Question

At the end of each test offer students one extra point for responding in English to the question, "Tell me what's going on in your life." This will provide personalized information for stories and an invaluable connection with the students.

Special thanks to Kris Wells of Cheyenne Mountain Junior High in Colorado Springs, Colorado, for her contributions to these pages.

Recommended Reading

Krashen, Stephen D. and Tracy D. Terrell. *Foreign Language Education: The Easy Way.* Culver City, CA: Language Education Associates, 1997.

Krashen, Stephen D. and Tracy D. Terrell. *The Natural Approach: Language Acquisition in the Classroom.* New York, NY: Pergamon Press, Inc., 1983.

Krashen, Stephen D. *The Power of Reading.* Englewood, CO: Libraries Unlimited, 1993.

Ray, Blaine and Contee Seely. *Fluency Through TPR Storytelling.* 3rd ed. Berkeley, CA: Command Performance Language Institute, 1998.

TPR Storytelling Listserv

Additional support for integrating TPRS into instruction can be found on the TPR Storytelling Listserv. There are currently over 3000 teachers networking and sharing ideas. Members are trained in TPRS (training could include workshops, mentoring by another teacher, books, videos, and so on), are practicing TPRS teachers or otherwise involved in using TPRS (trainer, author, and so on), and are willing to share ideas and collaborate with colleagues in a friendly, supportive environment. You can easily join on the Internet at www.TPRStories.com.

"Whether or not kids get bored is not a function of TPRS. It depends on the skill of the teacher to get the students to play the game. TPRS is a game where students compete to be funny. When they learn how to play the game and the teacher manages the game, then students do not get tired of TPRS."

Blaine Ray

Classical TPR Lessons

Chapter 1A

Note that in all the TPR lessons, the "commands" are in the narrative, third-person form, not the imperative.

TPR words: el armario, la grapadora, el asiento
Novel commands:
Abre el armario. Cierra el armario. Abre el armario con tijeras. Cierra el armario con una grapadora. Se levanta dentro del armario. ¡Cierra el armario cuando está dentro! Se sienta en el asiento. Se levanta del asiento. Pone cinta adhesiva en el asiento. Se sienta en el asiento.

TPR words: las tijeras, el carnet de identidad, la cinta adhesiva
Novel commands:
Se levanta. ¡Ay, no! No se levanta porque hay cinta adhesiva en el asiento. Cierra el armario con cinta adhesiva. Agarra el carnet de identidad. Mira el carnet de identidad. Pone el carnet de identidad en la pared con cinta adhesiva. Pone el carnet de identidad en el suelo con una grapadora. Pone el carnet de identidad en el asiento con la grapadora. Saca las grapas con tijeras. Corta el carnet de identidad con tijeras *(make sure students mime the action)*.

Chapter 1B

TPR words: juega a los bolos, bailarina, cantante
Novel commands:
Juega a los bolos. Juega a los bolos rápidamente. Juega a los bolos lentamente. Juega a los bolos como una bailarina. Juega a los bolos y canta. Canta como un cantante profesional. Canta como un cantante muy malo.

TPR words: canción, la natación
Novel commands:
Canta una canción bonita. Canta una canción en español. Canta una canción como un cantante famoso. Canta una canción de cumpleaños. Juega a los bolos y canta una canción como un cantante enfermo. Juega a los bolos y practica la natación. Canta una canción y practica la natación. Practica la natación en una piscina... en un asiento... Juega a los bolos con un asiento... con tijeras... con cinta adhesiva...

Chapter 2A

Props are recommended for these TPR lessons.

TPR words: las uñas, lentamente, se baña (en la ducha)
Novel commands:
Se toca las uñas. Se toca las uñas lentamente. Se baña en la ducha. Se baña lentamente en la ducha.

TPR words: se levanta, se lava (la cara), se cepilla (los dientes) con un cepillo
Novel commands:
Se levanta de la cama. Se sienta en el asiento. Se levanta lentamente. Se lava la cara. Se lava el pelo. Se lava el pelo lentamente. Se levanta y se baña en la ducha. Se sienta y se baña en

la ducha. Se cepilla los dientes con un cepillo de dientes. Se cepilla los dientes lentamente. Se levanta de la cama y se cepilla los dientes. Se cepilla el pelo con un cepillo.

TPR words: se baña, se corta el pelo, se afeita
Novel commands:
Se baña. Se baña lentamente. Se corta el pelo con tijeras. Se corta el pelo lentamente. Se corta el pelo en un salón de belleza. Se cepilla el pelo con el cepillo. Se cepilla el pelo con el cepillo en un salón de belleza. Se levanta y se corta el pelo con tijeras. Se afeita en la ducha. Se afeita rápidamente. Se afeita lentamente. Se afeita la cabeza. Se afeita la cara. Se afeita las piernas. Se lava la cara rápidamente y se afeita la cara lentamente. Se corta las uñas lentamente y se ducha rápidamente.

TPR words: se pone el agua de colonia, …el cinturón, …el maquillaje, …el desodorante
Novel commands:
Se pone el agua de colonia en la cara. Se pone el agua de colonia lentamente. Se pone el cinturón. Se pone el cinturón lentamente. Se pone el maquillaje. Se pone el desodorante. Se pone el desodorante porque huele mal. Se pone el agua de colonia porque huele mal. Se baña porque huele mal. Se lava la cara con agua de colonia. Se afeita la cara con un cepillo de dientes.

TPR words: los labios, se viste, se seca el pelo (con un secador)
Novel commands:
Se toca los labios. Se pone maquillaje en los labios. Se pone maquillaje en los labios en una salón de belleza. Se besa la mano con los labios. Se besa las uñas con los labios. Se viste con un vestido. Se viste con pantalones cortos. Se viste con una camisa grande. Se viste lentamente. Se seca el pelo con un secador. Se seca el cuerpo con una toalla. Se seca lentamente el pelo con un secador. Se seca los brazos con una toalla. Se seca rápidamente el pelo con un secador. Se seca la cabeza con una toalla. Se seca el pelo con un secador grande en un salón de belleza. Se lava los labios. Se lava las uñas. Se lava las uñas con desodorante. Se viste con pantalones, un cinturón y calcetines, y se baña en la ducha.

Chapter 2B

Gather a collection of clothes for props. Ask each student to bring in one crazy thing. First say the clothing item and have students wear / lift / smell / sit on / throw that item of clothing. Then throw all the items in the middle of the room on the floor. Two class members stand at either end of the room while the teacher shouts out clothing items and their descriptions (i.e. el sombrero oscuro, los pantalones claros y la camisa rosada con el botón flojo).

Students compete to see who can get those items on their bodies the fastest. Play for only a few minutes and then use personalized questions to talk about the students wearing the clothes.

Use the "costumes" in the stories in this chapter. The wackier the combinations, the better.

Chapter 3A

Props are recommended for these TPR lessons.

TPR words: va a pie al correo, pone un sello, pone la tarjeta en el buzón
Novel commands:
Va a pie rápidamente. Va a pie lentamente. Va a pie durante catorce horas. Va a pie al correo. Compra un sello. Pone un sello en una tarjeta. Pone un sello en una tarjeta secreta. Pone un sello en una tarjeta secreta y pone la tarjeta en el buzón. Abre el buzón y pone la tarjeta con el sello en el buzón. Corre. Corre del buzón porque es una tarjeta secreta. Es una tarjeta de amor.

TPR words: el consultorio, se abre, el cepillo de dientes
Novel commands:
Va a pie al consultorio porque le duele la cabeza. Va a pie al consultorio. El consultorio se abre a las nueve y media de la mañana. Va a pie a la farmacia. La farmacia se abre a las diez. Va a la farmacia a las nueve. ¡Caramba! Va a pie a la farmacia a las diez. La farmacia se abre a las diez.

TPR words: la pasta dental, el jabón, se cierra
Novel commands:
Compra un cepillo de dientes. Compra la pasta dental. Compra la pasta dental por trescientos dólares. Compra un cepillo de dientes y se cepilla los dientes a las diez y cuarto de la mañana en la farmacia. Huele. Huele a la persona que se cepilla los dientes en la farmacia. Huele mal. Va a pie hacia la persona que se cepilla los dientes con un cepillo de dientes y pasta dental. Huele a la persona. La persona compra jabón. Se ducha en la farmacia con el jabón. Se ducha en la farmacia. Se ducha durante horas y horas. La farmacia se cierra a la una de la tarde. Se cierra a la una. Se ducha durante horas y horas con jabón en la farmacia y la farmacia se cierra.

TPR words: la pelota, llena el tanque, saca un libro
Novel commands:
Va a pie a la gasolinera. Llena el tanque. Llena el tanque como una supermodelo. Llena el tanque rápidamente. ¡Cuesta mucho! Agarra una pelota. Tira la pelota. Tira la pelota rápidamente. Le tira la pelota a *[student]*. Lava la pelota con jabón. Cepilla la pelota con un cepillo de dientes y pasta dental. Va a pie a la biblioteca. Saca un libro de la biblioteca. Saca un libro secreto de la biblioteca. Saca un libro secreto llamado "Buzones secretos de Latinoamérica". Saca un libro secreto de la biblioteca sobre el mejor jabón de Irlanda.

Chapter 3B

TPR words: derecho, sigue
Novel commands:
Sigue a otra persona. Sigue rápidamente a otra persona. Pasa a la otra persona. Pasa rápidamente a la otra persona. Sigue a la maestra (al maestro). Sigue rápidamente a la maestra (al maestro). Sigue lentamente a la maestra (al maestro). Sigue a la maestra (al maestro) hasta la pared. Va derecho hasta la otra pared. Va derecho a la puerta.

TPR words: dobla a la izquierda, para, dobla a la derecha
Novel commands:
Dobla a la izquierda. Para. Dobla a la derecha. Para en la mitad de la calle. Dobla a la izquierda. Para en la mitad de la calle. Sigue a otra persona. Para. Dobla a la derecha y pasa a la otra persona. Dobla a la izquierda. Sigue derecho como un elefante. Sigue derecho como un mono. Dobla a la derecha. Dobla a la izquierda como una jirafa. Sigue derecho saltando en un pie. Dobla a la izquierda con los ojos cerrados. Sigue a otra persona con los ojos cerrados. Sigue a la otra persona a la derecha. Sigue a otra persona a la izquierda.

Chapter 4A

Props are recommended for these TPR lessons.

TPR words: salta a la cuerda, la muñeca, ofrece
Novel commands:
Salta a la cuerda rápidamente. Salta a la cuerda lentamente. Salta a la cuerda por el cruce de calles. Salta a la cuerda, tropieza y se cae. Abraza la muñeca. Besa la muñeca. Ofrece la muñeca a otra persona. Salta a la cuerda con la muñeca. Ofrece la muñeca a otra persona lentamente.

TPR words: la moneda, el oso de peluche, el patio de recreo
Novel commands:
Tira la moneda. Se saca la moneda de la oreja. Saca la moneda de la oreja de otra persona. Ofrece la moneda a otra persona. Salta a la cuerda y tira monedas. La muñeca tira monedas. Abraza el oso de peluche. El oso de peluche salta a la cuerda. El oso de peluche tiene monedas en la oreja. Saca la moneda de la oreja del oso de peluche. Tira el oso de peluche. Abraza el oso de peluche como un bebé. Llora como un bebé y abraza un oso de peluche y una muñeca. La muñeca y el oso de peluche se abrazan. Juega en el patio de recreo *(point out cognate)*. Corre en el patio de recreo. Juega con el oso de peluche en el patio de recreo. Salta a la cuerda en el patio de recreo. Ofrece una moneda a un amigo en el patio de recreo. Canta en el patio de recreo. Salta a la cuerda como un mono en el patio de recreo.

TPR words: el pez, la tortuga, el mundo
Novel commands:
Nada como un pez. Nada lentamente como un pez. Nada rápidamente como un pez. Abraza un pez. Nada como una tortuga. Nada lentamente como una tortuga. Camina lentamente como una tortuga. Camina rápidamente como una tortuga. Le ofrece una tortuga a una chica. Nada como un pez y camina como una tortuga. Canta como una tortuga. Canta como un pez *(bubble noises)*. Maneja un camión como una tortuga. Camina como una tortuga por la mitad de la carretera. Nada por todo el mundo como un pez. Camina por todo el mundo como una tortuga. Nada como medio pez / media tortuga. Salta a la cuerda por todo el mundo. Camina por todo el mundo cantando como una cantante de ópera.

Chapter 4B

TPR words: sonríe, cuenta chistes, se dan la mano
Novel commands:
Sonríe. Sonríe dos veces. Sonríe con los ojos cerrados. Sonríe y saca la lengua. Sonríe durante tres segundos. [Student] y [student] se abrazan. [Student] y [student] se abrazan rápidamente. [Student] y [student] se abrazan como dos hombres muy machos. [Student] y [student] se abrazan sin tocarse. Cuenta chistes. Les cuenta chistes a sus amigos. Cuenta chistes buenos. "¿Por qué cruzó la calle el pollo?" Cuenta chistes y sonríe. [Student] y [student] se dan la mano. Se dan la mano rápidamente. Se dan la mano románticamente. Se dan la mano como reina y súbdito. Sonríen, se dan la mano y se abrazan. Se besan dos veces en las mejillas. Se besan tres veces en las mejillas. Se besan y no sonríen. Se dan la mano y se besan en las manos.

TPR words: se saluda, le regala, se despide de
Novel commands:
Dos personas se saludan. Se saludan y se dan la mano. Se saludan con un abrazo. Se saludan con dos besos. Se saludan y sonríen. Saluda a un amigo. Saluda a un amigo en la clase y le regala un regalo grande. Le regala papel higiénico muy especial. Le regala aspirina. Le regala un picnic. Le regala un dinosaurio. Le regala zapatos sucios que huelen mal. Saluda a la profesora. Sale de la clase. Se despide de la clase. Se despide de la clase con besos y abrazos. Se despide del (de la) profesor(a) y le da la mano. Se despide del (de la) profesor(a) y llora porque es su clase favorita.

TPR words: el desfile, alrededor de, los fuegos artificiales, se ríe
Novel commands:
Camina en un desfile alrededor de la clase. Salta en el desfile alrededor de la clase. Maneja un camión en el desfile y saluda desde el camión. Anda rápidamente alrededor de la clase en el camión. Anda alrededor de la clase y tira besos desde el camión en el desfile. Tira fuegos artificiales en el desfile. Tira fuegos artificiales en la sala de clase. Tira fuegos

artificiales y dice: "Oooooh". Tira fuegos artificiales y grita: "¡Aaaaaah!" Cuenta chistes y se ríe. Se ríe como un loco. Se ríe fuertemente. Se ríe rápidamente. Cuenta chistes y se ríe lentamente. Se ríe dos veces. Camina en un desfile y se ríe. Se ríe de los fuegos artificiales. Se ríe alrededor de la clase.

Chapter 5A

TPR words: llama por teléfono, oye, grita
Novel commands:
Llama por teléfono a su mamá. Oye. Llama por teléfono a su perro. Oye. Llama por teléfono a la policía. Oye. Llama por teléfono dos veces. Oye dos veces. Llama por teléfono celular a otra persona en la clase. Grita. Oye. Grita por teléfono a otra persona y oye a la otra persona. Grita dos veces. Grita como un bebé. Oye. Grita rápidamente. Oye lentamente. Grita a otra persona. Oye dos veces.

TPR words: llueve, la lluvia, nieva
Novel commands:
Llueve mucho. Llueve rápidamente. Llueve mucho. Es una tormenta. Llueve más. Es un huracán. Llueve durante horas y horas. Llueve durante días y días. Toca la lluvia. Toca la lluvia con la cara. Toca la lluvia con la mano. Hace frío. Hace mucho frío. Nieva. Nieva lentamente. Toca la nieve. Toca la nieve con la lengua. Toca la nieve con la nariz. Nieva rápidamente. Nieva durante horas y horas. Hay mucha nieve. Juega en la nieve.

TPR words: baja la escalera, sube la escalera
Novel commands:
Baja la escalera. Sube la escalera. Baja la escalera rápidamente. Sube la escalera rápidamente. Baja la escalera como un mono. Baja la escalera. Sube la escalera y grita. Baja la escalera y llama por teléfono. Hay nieve en la escalera. Sube la escalera. ¡Se cae y grita!

Chapter 5B

TPR words: las muletas, la silla de ruedas, la venda, el yeso, las pastillas, las puntadas (*Use props or clip art.*)

se toca	el codo	el dedo
mueve	el cuello	las pastillas
se pone una venda en	la espalda	el pie
se pone un yeso en	el hombro	las puntadas
se lastima el (la)	la muñeca con	las muletas
se rompe	la rodilla	la silla de ruedas
	el tobillo	
	el hueso (el hueso roto)	

Novel commands:
Choose words from the three columns to make as many combinations as possible. For example:
Se toca el codo con el dedo. Se pone un yeso en el tobillo con el pie. Se lastima la espalda con las muletas.

TPR words: tropieza, se cae
Novel commands:
Unas muletas están en el suelo. Tropieza con las muletas. Tropieza con las muletas y se cae. Tropieza despacio y se cae despacio.

TPR words: choca con, se rompe un hueso
Novel commands:
Tropieza con las muletas, se cae y se lastima el codo. Se cae al suelo y se lastima el codo. Maneja y choca con un árbol. Choca con un árbol y se lastima la cabeza. Choca con otro carro y se rompe un hueso. Choca con una persona y lastima a la persona. Le rompe los

huesos a la persona. Choca con una casa. Se rompe los huesos de los brazos. Choca con una mansión. Se rompe todos los huesos. Choca con un elefante. Se lastima. Se rompe todos los huesos del cuerpo.

TPR words: dar puntadas, sacar una radiografía, se corta
Novel commands:
Le da puntadas a otra persona. Llora. Le da tres puntadas a otra persona. Grita. Se rompe el tobillo. Saca una radiografía. Se rompe las piernas. Saca dos radiografías. Se corta el pelo. Se corta las uñas. Corta la venda. Corta el yeso.

Chapter 6A

TPR words: el concurso de belleza, agitado(a) (se pone agitado[a]), alegre (se pone alegre)
Novel commands:
Participa en un concurso de belleza. Se pone alegre en el concurso de belleza. Sonríe en un concurso de belleza. Se pone alegre. Se pone agitado(a) en un concurso de belleza. Se pone agitado(a) mientras participa en el concurso de belleza. Camina como un modelo en un concurso de belleza. Se pone agitado(a) y tropieza en el concurso de belleza. Se pone agitado(a) y se cae en el concurso de belleza. Gana el concurso de belleza y se pone alegre.

TPR words: se duerme, se muere
Novel commands:
Se duerme. Se duerme rápido. Se duerme en el pupitre. Se duerme en el suelo. Se duerme alegre. Se duerme en un instante. Se duerme agitado(a). Se duerme como un caballo. Se duerme con la cabeza en la mano. Se muere *(Draw finger across neck like blade)*. Se muere rápidamente. Se muere dramáticamente. Se muere románticamente. Se cae y casi se muere. Se muere alegre. Se muere agitado(a). Casi se muere en un concurso de belleza. Tropieza, se cae y casi se muere. ¡Qué lástima!

TPR words: se pone emocionado(a), se pone enojado(a) (se enojá), se vuelve loco(a)
Novel commands:
Se pone emocionado(a) y salta. Se pone emocionado(a) y salta tres veces. Se pone emocionado(a), salta y sonríe. Se pone enojado(a) y grita. Se pone enojado(a). Se enoja porque su tortuga se muere. Se enoja mucho. Se pone enojado(a) porque se cae en un concurso de belleza. Se vuelve loco(a) *(stick out tongue)*. Se vuelve loco(a) y habla como un(a) loco(a). Casi se vuelve loco(a) porque tiene mucha tarea. Se vuelve loco(a) porque siempre se enoja. Ve a una persona famosa. (actriz, cantador, atleta etc.) Casi se vuelve loco(a) al ver a la persona famosa. Se vuelve loco(a), se cae y casi se muere.

Chapter 7A

Use pictures or powerpoint in addition to having each member of the class act this out simultaneously. Because this chapter has a large number of TPR words, the lessons below are somewhat condensed. You may break the lessons into smaller segments and expand them. For example, repeat commands multiple times in similar phrases, i.e. Abre el fregadero lenamente. Abre el fregadero muy lentamente. Abre el fregadero rápidamente. Abre el fregadero rápidamente con el pie. Abre el fregadero con la cabeza. Saca camarones… *Students act out each command simultaneously.*

TPR words: los camarones, el fregadero, los mariscos, el microondas, calienta, prueba, caliente
Novel commands:
Abre el fregadero lentamente. Saca camarones. Cierra el fregadero rápidamente. Huele los camarones. Abre el fregadero. Saca mariscos. Huele los mariscos. Cierra el fregadero. Cierra el fregadero rápidamente. Los camarones no están calientes. Abre el microondas. Pone los camarones en el microondas. Cierra el microondas. Calienta los camarones. Abre

© Pearson Education, Inc.

el microondas. Saca los camarones. Prueba los camarones. Prueba los camarones otra vez. No están calientes. Abre el microondas. Pone los camarones en el microondas otra vez. Calienta los camarones. Calienta los camarones 14 minutos más.

TPR words: el caldo, la receta, los ingredientes, el ajo, la cucharada, el aceite, bate
Novel commands:
Cocina el caldo. Tiene un problema. No tiene una receta. No sabe los ingredientes. Mezcla el caldo. Prueba el caldo. Sabe mal. Prueba el ajo. Añade ajo al caldo. Prueba el caldo. Sabe mal. Añade una cucharada de aceite. Prueba el caldo. Sabe mal. Bate el caldo. Prueba el caldo. Sabe mal. Prueba un camarón. Añade un camarón. Prueba el caldo. Sabe mal. Bate el caldo otra vez. Bate el caldo rápidamente. Bate el caldo muy rápidamente. Bate el caldo como un mono. Bate el caldo como Julia Child. Prueba el caldo. Todavía sabe mal. Prueba un marisco. Añade un marisco. Prueba el caldo. Sabe mal. No está caliente.

TPR words: la estufa, enciende, apaga, el horno, la olla
Novel commands:
Enciende el fuego en la estufa. El fuego se apaga. Enciende el fuego en la estufa otra vez. El fuego se apaga. La estufa está rota. El caldo no está caliente en la olla. Abre el horno. Pone la olla en el horno. Enciende el horno. El horno no se enciende. El horno está roto, también. Saca del horno el caldo que está en la olla. Tira el horno. Abre el microondas. Pone la olla en el microondas. Cierra el microondas. Calienta el caldo en el microondas. La olla es de metal. El caldo explota en el microondas. Hay un incendio en el microondas. Abre el microondas. Grita. Cierra el microondas. Grita. Abre el microondas. Tira agua en el microondas. Cierra el microondas rápidamente. Camina al teléfono. Llama a la pizzería.

Chapter 7B

In order to practice irregular Ud. command forms, the novel commands for this chapter are in the third-person imperative form, rather than the narrative third person. The commands below are in the singular, but you may also indicate groups of students and give commands in the plural form. You may wish to explain to students that you are addressing them as Ud. when you practice these commands.

TPR words: dé una caminata, dentro de, fuera de, el suelo (Try this mnemonic device: "The SUE-LO is WAY-LOW.")
Novel commands:
Dé una caminata en la calle. Dé una caminata dentro de la clase. Dé una caminata fuera de la clase. Con los dedos, dé una caminata dentro de la mano. Con los dedos, dé una caminata fuera de la mano. Dé una caminata en el suelo con la cabeza. Dé una caminata en el suelo con el pie. Dé una caminata en el suelo con el dedo. Dé una caminata en la cabeza con el dedo. Dé una caminata dentro de la boca con el dedo.

TPR words: la piedra, la nube, al aire libre
Novel commands:
Toque la piedra. Tráigame la piedra. Tire la piedra al suelo. Agarre la piedra. Ponga la piedra en el pupitre. Póngase la piedra en la cabeza. Llévele la piedra a otra persona. No ponga la piedra en el suelo. Póngase la piedra en la espalda. Ponga la piedra en una nube. Dé una caminata al aire libre. Dé una caminata fuera de la escuela. Dé una caminata al aire libre en círculos. Dé una caminata en una nube. Ande en una nube como Mary Poppins. ¡Tenga cuidado! Dé una caminata al aire libre con una nube. Tráigale la nube al profesor. Dele la nube al profesor. Dé una caminata al aire libre con una piedra.

TPR words: la mosca, el fósforo, la hormiga
Novel commands:
Mire la mosca. Vaya a la mosca. Traiga un matamoscas. Péguele a la mosca con el matamoscas. La mosca le entra en la boca. (En boca cerrada no entran moscas.) Póngase

enojado(a). Cómase la mosca. Sabe bien. ¡Ay! ¡Hay hormigas en el suelo! Péguales a las hormigas con el matamoscas. Agarre una hormiga del suelo. Ponga la hormiga en el pupitre. Dele la hormiga a un(a) amigo(a). Agarre un fósforo. ¡Tenga cuidado! ¡Los fósforos son peligrosos! Traiga el fósforo al basurero. Ponga el fósforo con cuidado en el basurero. No juegue con fósforos. Ponga los fósforos lejos de los niños. Ponga los fósforos en el bolsillo. No se ponga los fósforos en la boca.

TPR words: el aguacate, los frijoles, la harina, el maíz
Novel commands:
Traiga una tortilla de harina. Coma una tortilla de harina. Triaga una tortilla de maíz. Coma una tortilla de maíz. Traiga una tortilla de harina con frijoles. Coma una tortilla de harina con frijoles. Traiga una tortilla de maíz con frijoles y aguacate. Coma una tortilla de maíz con frijoles y aguacate. Traiga un aguacate. Tire el aguacate al suelo. Agarre el aguacate otra vez. Tire el aguacate al suelo. Abra el aguacate. Mezcle el aguacate con chiles. ¡Es guacamole! Coma el guacamole con muchos aguacates en una tortilla de maíz con frijoles.

Use pictures or props to introduce **la carne de res, la cereza, la chuleta de cerdo, el durazno, la mostaza, el pavo, la piña,** *and* **la sandía.** *Invent novel commands like those shown on this page.*

Tema 1

Tu día escolar

© Pearson Education, Inc.

1A Cognate Reading

Juanito el ocupado

Juanito es un chico de Argentina. Juanito y sus compañeros de clase llevan uniforme a la escuela. Juanito lleva pantalones negros y una corbata. En Argentina los estudiantes no tienen armarios. Tienen todas sus clases en una sala de clases. Los profesores caminan de clase a clase. Los estudiantes tienen muchos profesores y los respetan mucho. Se prohíbe contestar preguntas en la clase sin levantar la mano.

Juanito es un estudiante muy bueno. Nunca contesta preguntas sin levantar la mano. A Juanito le duele la espalda porque cada día trae muchos libros y materiales a la escuela.

Juanito tiene clase de álgebra. Siempre hay mucha tarea de álgebra. Después, tiene clase de química en el laboratorio. La clase empieza a las nueve de la mañana y es importante no llegar tarde. Juanito lee algunos libros en su clase de literatura. Hoy empieza a leer el gran libro, *El ingenioso hidalgo Don Quijote de la Mancha.* Los personajes (Don Quijote y Sancho Panza) son héroes folklóricos en España. Juanito tiene que hacer un proyecto sobre Sancho Panza. Hay que escribirlo en la computadora o su profesora de literatura se enojará mucho. ¡Pobre Juanito! En la clase de inglés todos los estudiantes hablan muchísimo. Discuten cosas interesantes. Discuten la cultura de los Estados Unidos y la cultura de Inglaterra. La profesora tiene muchos materiales y es muy creativa. Lo que se prohíbe en la clase de inglés es hablar español. Los sábados Juanito recibe clases privadas de inglés porque quiere ser bilingüe.

A Juanito le gusta jugar al fútbol, pero no tiene tiempo. Tiene que estudiar. Después de las clases, Juanito va al auditorio porque es actor en la obra *Evita* en la escuela. Tiene que prepararse cada noche para la obra.

Juanito está muy, muy, muy ocupado. Está tan ocupado que decide dormir cada noche con el uniforme puesto. Nunca puede pasar tiempo con amigos. Su amiga, Lola, empieza a invitarlo al cine para ver una película con sus amigos, pero puede ver que Juanito está muy, muy ocupado. Juanito le dice a ella que tiene que prepararse para *Evita*. ¡Pobre Lola! ¡Está tan triste! En la familia de Juanito se prohíbe ir al cine cuando hay mucha tarea. Pero Lola es muy inteligente. Juanito y Lola discuten algunos momentos. Por fin, Lola tiene una idea práctica. Le dice a Juanito que van a ver una película que se llama *Evita*. Lola y sus amigos pueden ver una película buena y Juanito empieza a aprender de memoria sus líneas para la obra. ¡Qué bueno!

1A Personalized Mini-Situation A

Read A primera vista (pp. 18–19). Read Videohistoria (pp. 20–21) and watch La clase de Esteban. Read Fondo cultural (p. 16). Read ¡Adelante! Lectura (pp. 34–35).

Vocabulary

empieza
Mime using starter pistol.
Contesta algunas preguntas sin levantar la mano.
Open and close your mouth.
Discuten lo que se prohíbe.
Two talking hands facing each other.

Personalized questions and answers

1. ¿Se prohíbe contestar preguntas sin levantar la mano en todas tus clases? ¿Puedes contestar preguntas en algunas clases sin levantar la mano?

2. ¿Qué se prohíbe en tus clases? ¿Qué se prohíbe en la casa? ¿Discutes las reglas con tus padres o no hay ninguna discusión de las reglas en tu casa?

3. ¿Qué debe hacer un maestro cuando un estudiante empieza a hablar en su clase? ¿Debe discutir con el estudiante de lo que se prohíbe? ¿El maestro debe gritar?

4. Si tú tuvieras la oportunidad de hacer todas las reglas, ¿qué harías diferente?

Personalized mini-situation

L1: (la clase) Hay un chico inteligente en la clase de química. Contesta algunas preguntas. Contesta algunas preguntas sin levantar la mano. El maestro no está contento porque el chico siempre contesta preguntas sin levantar la mano. El chico se levanta y camina por la clase. No se sienta en el asiento.

L2: (la oficina) El chico y el maestro van a la oficina de la directora y discuten lo que se prohíbe en la clase. Se prohíbe levantarse y caminar durante la clase. Se prohíbe contestar preguntas sin levantar la mano.

L1: (la clase) El maestro y el chico regresan a la clase. El maestro empieza a hablar otra vez, pero el chico interrumpe. Contesta otra pregunta sin levantar la mano.

L2: (la oficina) El maestro y el chico caminan otra vez a la oficina de la directora. Discuten otra vez lo que se prohíbe en la clase. Discuten una solución. El chico tiene una solución. Trae cinta adhesiva de la oficina a la clase.

L1: (la clase) Regresan a la clase. El chico no contesta ninguna pregunta porque se pone cinta adhesiva en la boca. Tampoco camina por la clase porque pone cinta adhesiva en el asiento también. Así que el maestro puede hablar sin interrupción.

Ask the story

L1: (la clase) ¿El chico **contesta algunas preguntas** en qué clase? ○ ¿Cómo **contesta algunas preguntas?** ¿**Contesta las preguntas sin levantar la mano?** ○ ¿Cuántas veces **contesta las preguntas sin levantar la mano?** ○ ¿Está contento el maestro cuando el chico **contesta algunas preguntas sin** levantar la mano? ¿No está contento porque el chico siempre **contesta preguntas sin levantar la mano?** ○

L2: (la oficina) ¿Adónde van el maestro y el chico? ○ ¿**Discuten lo que se prohíbe** o **discuten** deportes? ¿Por cuánto tiempo **discuten lo que se prohíbe** en la clase? ○ ¿Qué **se prohíbe** en la clase de química? ¿**Se prohíbe contestar preguntas?** ¿**Se prohíbe** levantarse? ¿**Se prohíbe contestar preguntas sin levantar la mano?**

L1: (la clase) ¿El maestro y el chico **regresan** a la clase? ¿**Contesta** el chico una pregunta **sin levantar la mano?** ¿El chico **empieza a contestar** preguntas o el maestro **empieza a contestar** preguntas?

L2: (la oficina) ¿**Qué hacen** los dos en la oficina? ¿**Empiezan a discutir** lo que **se prohíbe** en la clase o **empiezan a discutir** política? ○ ¿**Empiezan a discutir** una solución? ¿Quién **la tiene?** ¿Cuál es la solución del chico? ○

L1: (la clase) ¿Cómo **regresan** a la clase? ¿El chico no **contesta** ninguna pregunta porque no quiere **contestar?** ¿**Empieza** a caminar por la clase o no? ¿**Contesta preguntas sin levantar la mano?** ¿El maestro **puede hablar sin** interrupción?

Hooks: La directora le da al maestro una grapadora. / El maestro pone al estudiante en el armario.

1A Personalized Mini-Situation B

Vocabulary

Respeta las reglas.
Mime bowing.
No las entiende.
Shake your head.
Las explican.
Shake a finger at someone.

Personalized questions and answers

1. ¿Respetas las reglas de tu casa? ¿Cuáles son las reglas que no respetas?
2. ¿Entiendes todas las reglas de la escuela? ¿Qué haces cuando no las entiendes?
3. ¿Normalmente quién te explica las reglas de la casa? ¿Quién explica las reglas de la escuela?

Personalized mini-situation

L1: (la casa) Hay una chica que siempre tiene el dormitorio sucio. Hay que respetar las reglas de la casa y limpiar su dormitorio. La chica sabe las reglas, pero nunca las respeta porque no las entiende. Su mamá le dice: "Hay que pedir ayuda si no entiendes". Cada día la mamá repite las reglas, pero la chica nunca entiende. La mamá decide que tienen que resolver el problema.

L2: (la tienda) Las dos van a una tienda a comprar [name-brand cleaning supply].

L1: (la casa) Regresan a casa con [name-brand cleaning supply], pero la chica todavía no limpia su dormitorio. La mamá no sabe por qué nunca limpia el dormitorio.

L3: (la escuela especial) La mamá conoce una escuela especial. Por fin la mamá y la chica van a la escuela especial. La chica tiene que entender las reglas. Se las explican en la escuela.

L1: (la casa) La chica regresa a casa y limpia su dormitorio. Ahora la chica entiende las reglas. Las entiende porque los maestros en la escuela se las explican mejor que la mamá. La mamá está contenta.

Ask the story

L1: (la casa) ¿**Hay que respetar las reglas** de la escuela o **hay que respetar las reglas de la casa**? ○ ¿Quién no tiene que respetar las reglas de la casa? ¿Cuáles son las **reglas que tienes que respetar**? ○ La chica sabe las reglas, **pero ¿por qué no las respeta**? ¿Porque **no las entiende**? ¿La chica **las entiende o no las entiende**? ¿**Entiende algunas de las reglas**? ¿**Tú entiendes** las reglas de la casa? ¿Quién **no las entiende**? ¿**Tú no las entiendes** o la chica **no las entiende**? ○ ¿Qué le dice su mamá? ¿Le dice: "Hay que pedir ayuda si no entiendes"? ○ ¿Cuántas veces **repita las reglas** la mamá cada día? ¿La chica **las entiende** o **nunca entiende**? ○ ¿Cuántas veces no **las entiende**? ¿Qué decide la mamá? ¿Cómo va a resolver el problema?

L2: (la tienda) ¿Qué compran las dos? ¿Compran [name-brand cleaning supply]?

L1: (la casa) ¿La chica limpia su dormitorio con [name-brand cleaning supply]? No, la chica todavía no lo limpia. ¿Por qué tiene que **entender la chica**? ¿Tiene que **entender las reglas**? ¿Cuántas reglas tiene que entender? ¿**Se las explican en la escuela**? ¿Cómo **se las explican**? ¿Cuántas veces **se las explican**?

L1: (la casa) ¿La chica **regresa a casa y limpia su dormitorio**? ¿Ahora la chica **entiende las reglas**? ¿**Las entiende porque** los maestros en la escuela **se las explican**? ¿Cómo? ¿**Se las explican mejor que la mamá**? ¿La mamá está contenta?

Hooks: Es una escuela de obediencia para los perros. Ponen periódicos en el suelo y le dan huesos a la chica. (*Choose students to act the part of the girl's "classmates."*)

1A Personalized Mini-Situation C

Read Fondo cultural (p. 32).

Vocabulary

Nunca presta atención a nada.
Cover eyes.
Nunca llega tarde.
Point to watch, shake head.
Llega a tiempo.
Point to watch.

Personalized questions and answers

1. ¿Llegas a tiempo a tus clases o llegas tarde? ¿Quién nunca llega tarde? ¿Quién nunca llega a tiempo? ¿Es mejor llegar a tiempo o llegar tarde? ¿Depende de la situación?
2. ¿Quién nunca presta atención a nada? ¿Nunca prestas atención en tus clases? ¿Nunca le prestas atención a ningún maestro?

Personalized Mini-Situation

L1: (la casa) Hay un médico que se llama el Dr. Sandoval. El nunca presta atención a nada. No presta atención a ningún coche cuando sale a la calle.
L2: (la calle) Un día va a a un café a pasar tiempo con Silvia. El médico nunca llega tarde. Siempre llega a tiempo. El problema es que como no presta atención, no va al café.
L3: (una escuela) Va a una escuela. Llega a tiempo para una clase de ciencias. No presta atención a las reglas de la clase y contesta algunas preguntas sin levantar la mano. La maestra no tiene ninguna idea de quién es. La maestra insiste en que se vaya porque es anormal.
L1: (la casa) Como es tarde, el Dr. Sandoval no va al café. Regresa muy temprano a su casa y no llega tarde. Silvia está en el café por horas y horas. Pobre Silvia.

Ask the story

L1: (la casa) ¿Quién no presta atención a nada? ¿Hay un médico que nunca presta atención a nada? ○ ¿Cuántos años tiene el hombre que nunca presta atención a nada? ¿El médico que nunca presta atención a nada trabaja en un hospital o en un restaurante? ○ ¿Presta atención a los coches cuando sale a la calle? ¿A qué presta atención? ¿Presta atención a mujeres?
L2: (la calle) Un día va... ¿adónde? ¿A un café a pasar tiempo con Silvia o a un baño? ¿Va muy rápido para que nunca llegue tarde? ○ ¿Siempre llega a tiempo cuando va rápido? ¿Llega tarde o llega temprano? El problema es que como no presta atención, no va al café. ¿Llega al café a tiempo o nunca llega? ○ ¿Tiene una buena memoria?
L3: (una escuela) ¿Va al café o va a una escuela? ¿Llega a tiempo? ¿Llega a tiempo para el almuerzo? ¿Llega a tiempo al hospital? ¿Llega a tiempo a la escuela? ¿Qué hace el médico? ¿Llega temprano a la clase de ciencias o llega tarde? ○ ¿Presta atención a las reglas de la clase o no presta atención? ¿Contesta algunas preguntas sin levantar la mano? ¿La maestra sabe quién es o no tiene ninguna idea? ¿Quién insiste que se vaya el médico? ¿Por qué insiste que se vaya?
L1: (la casa) ¿Va al café? Como es tarde, ¿no va al café? ○ ¿No va al café? ¿Regresa muy temprano a su casa? ¿No llega tarde a casa o llega tarde a casa? ¿Por qué no va al café?

Hooks: El médico nunca presta atención a... la ropa, la comida, caminar derecho, etc. / No presta atención y almuerza dos o tres veces.

1A Personalized Mini-Situation D

Read Fondo cultural (p. 30).

Vocabulary

Da un discurso / informe sobre…
Put hands on both sides of a podium, as if to give speech.
Lo entrega.
Pretend to pass in a paper.
Saca una buena nota.
Draw an A in the air.

Personalized questions and answers

1. ¿Prefieres dar un discurso o entregar un informe? ¿En qué clase tienes que dar discursos?

2. ¿Siempre entregas informes a tiempo? ¿Qué hacen tus maestros cuando entregas un informe tarde?

3. ¿Sacas una buena nota cuando entregas un informe tarde? ¿Sacas una buena nota cuando no te preparas para dar un discurso?

Personalized mini-situation

L1: (Bogotá) Una chica quiere ser famosa. Quiere ser la mejor modelo del mundo. Primero, va a Bogotá, Colombia. Entrega una solicitud para el concurso Señorita Universo. Tiene que escribir un informe sobre la importancia de la educación. Lo entrega, pero no saca una buena nota. No aceptan la solicitud porque la chica no escribió el informe en la computadora.

L2: (Buenos Aires) La chica decide ir a Buenos Aires. Quiere ser famosa como política. Da un discurso a los ciudadanos de Argentina. Quiere ser la presidenta de Argentina. Quiere ser más famosa que Evita. Le pide a la gente que voten por ella. Le pide que voten por ella porque quiere ser famosa. Los ciudadanos no votan por ella porque no es de Argentina. No votan por ella porque ya tienen un presidente. No votan por ella porque no es famosa y no da un discurso muy bueno.

L3: (la escuela) La chica regresa a su escuela. Todavía quiere ser famosa. Va a la clase de ciencias. Escribe un informe sobre las bacterias. Lo entrega y saca una buena nota. El maestro envía una copia del informe al presidente. El presidente invita a la chica a dar un discurso sobre las bacterias. Ahora la chica es muy famosa. Es más famosa que una actriz. Da discursos por todo el mundo porque es la persona más famosa que da discursos sobre las bacterias.

Ask the story

L1: (Bogotá) ¿Qué **quiere** ser la chica? ¿Quiere ser **la mejor** modelo del mundo o la mejor persona del mundo? ¿Adónde va? ¿Decide participar en el concurso Señorita Universo o en un concurso de perros? ¿Tiene que escribir un **informe** para el concurso? ¿Tiene que dar un **discurso** o **un informe sobre** la importancia de la educación? ○ ¿Un **informe**? ¿**Lo entrega**? ¿**Saca una buena nota** o no **saca una buena nota**? ○ ¿Por qué no aceptan el **informe**?

L2: (Buenos Aires) ¿La chica **da un discurso** a los ciudadanos de Argentina? ¿Quiere ser más famosa que Evita? ¿Le pide a la gente que voten por ella? ¿Por qué? ¿Los ciudadanos votan por ella? ¿Por qué no votan por ella? ¿Porque ya tienen presidente? ¿Porque no **da un discurso** muy bueno?

L3: (la escuela) ¿Adónde **regresa** la chica? ¿A **su** escuela? ¿Todavía quiere ser famosa o quiere ser médica? ¿A qué clase va? ¿A la clase de ciencias? ¿Escribe un **informe**? **¿Sobre qué?** ¿Las bacterias? ¿Los microbios? ¿**Lo entrega** al profesor? ○ **¿Saca una buena nota** o una mala nota? ○ ¿A quién envía el profesor una copia del **informe**? ¿Al presidente? ¿El presidente le invita a la chica a dar un **discurso**? ○ ¿Sobre qué? ¿**Da discursos por todo el mundo**? ○ ¿Por qué? ¿Porque es la persona más famosa que **da discursos** sobre las bacterias?

Hooks: La chica **da un discurso** sobre… los insectos, el lodo, los hongos, etc… / La chica **da un discurso** sobre la mejor manera de lavarse las manos. El presidente escucha el discurso y decide que va a lavarse las manos con jabón de hoy en adelante.

1A Personalized Mini-Situation E

Vocabulary

aprende de memoria
Mime using flash cards.
le pide ayuda
Hold out cupped hands.
No almuerza con nadie.
Mime eating. Shake head.

Personalized questions and answers

1. ¿Es difícil para ti aprender detalles de memoria? ¿Cómo aprendes palabras de memoria en la clase de inglés? ¿Has aprendido de memoria tu papel para una obra de teatro?

2. ¿Normalmente les pides ayuda a tus amigos cuando tienes un problema? Cuando tienes un problema muy grande, ¿prefieres pedirle ayuda a un maestro, a un amigo o a uno de tus padres?

3. ¿Dónde almuerzas durante la semana? ¿Almuerzas con tus amigos? ¿Prefieres almorzar con amigos o solo?

Personalized mini-situation

L1: (la mesa en el café) Una mujer tiene un problema. Tiene un amigo que es médico. Quiere almorzar con él en un café hoy, pero él nunca llega. Después de unas horas en el café, la mujer se aburre. Le pide ayuda a la mesera. La mesera camina a la mesa de la mujer. La mujer le pide un menú.

L2: (la cocina) La mesera va a buscar un menú. Regresa a la cocina.

L1: (la mesa en el café) La mesera le trae un menú después de unos minutos. No es una mesera muy buena. Regresa a la cocina. La mujer aprende el menú de memoria. Después de unas horas, aprende de memoria todas las palabras del menú.

L3: (otra mesa en el café) Después de unos minutos, alguien entra en el café y le pide ayuda a la mesera, pero la mesera no viene de la cocina. Como ella no almuerza con nadie, la mujer camina a la mesa del hombre que entra, le trae un menú y contesta sus preguntas porque ella aprendió el menú de memoria. Al fin del día, el doctor todavía no llega, pero la mujer tiene mucho dinero extra que le dieron los clientes del café.

Ask the story

L1: (la mesa en el café) ¿Tiene la mujer un problema con un amigo? ¿El amigo es médico o veterinario? ¿La mujer quiere almorzar con él hoy? ¿Llega él al café? Después de unas horas en el café, ¿la mujer se aburre o se divierte? ¿**Le pide ayuda** a alguien? ○ ¿A quién **le pide ayuda**? ¿**Le pide ayuda** a la mesera? ¿Cómo **le pide ayuda**? ¿**Le pide ayuda** gritando? ○ ¿Viene la mesera? ¿Qué le pide la mujer? ¿**Le pide** un menú o un mesero guapo? ¿Cuántos menús **le pide**? ○

L2: (la cocina) ¿Adónde va a buscar un menú la mesera? ¿Regresa a la cocina?

L1: (la mesa en el café) ¿La mesera **le** trae un menú a la mujer? ¿En cuánto tiempo <u>se lo trae</u>? ¿Después de unas horas o unos minutos? ¿Qué hace la mujer <u>mientras</u> espera a la mesera? ¿La mujer **aprende el menú de memoria**?

L3: (otra mesa en el café) Después de unos minutos, <u>alguien entra</u> en el café. ¿Quién? ¿Qué? ¿Quién? ¿**Le pide** a la mesera? **¿Le pide ayuda**? ¿La mesera viene o no? ¿Con quién **almuerza** la mujer? ○ ¿No **almuerza con nadie**? Como ella **no almuerza con nadie**, ¿qué hace la mujer que **ha aprendido de memoria** el menú? ¿Le trae un menú a la persona o **le pide ayuda**? ¿Contesta sus preguntas porque **aprendió** el menú **de memoria**? ○ Al fin del día, ¿el doctor <u>ha llegado</u> o todavía no **ha llegado**? ¿Qué tiene la mujer?

Hooks: La mesera no regresa porque no es mesera; es otra cliente de ayer. La verdadera mesera nunca regresó de la cocina.

1A Extended Reading

El elefante sin memoria

Se dice que los elefantes tienen muy buena memoria. Pero Paco no es un elefante normal. Tiene problemas serios con la memoria. Nunca recuerda nada. ¿Conoces a algún estudiante como Paco? ¿Hay algunos en tu escuela?

Cuando Paco va a clases, no trae sus materiales. Los deja en el armario. Nunca está en su asiento en la clase de matemáticas cuando la clase empieza porque por accidente va al laboratorio. Se prohíbe llegar tarde a la clase de matemáticas. También se prohíbe ir al laboratorio sin permiso. Paco quiere respetar las reglas, pero no recuerda las reglas.

Anoche escribió un informe sobre Isabel y Fernando. Lo trae a la clase de historia, pero no lo entrega. Nunca recuerda entregar la tarea.

Paco tiene un examen de vocabulario sobre una lista larga de palabras. Decide aprender las palabras de memoria. Cuando empieza el examen, no sabe ninguna de las palabras de memoria y no tiene bolígrafo. Nunca recuerda ninguno de sus materiales. No saca una buena nota en el examen.

En la clase de arte, Paco nunca presta atención. Lo que se hace en la clase es dibujar, pero él nunca recuerda traer ni lápiz ni tijeras. Hacen un proyecto y dan un discurso en la clase de arte, pero Paco no recuerda quién está en su grupo. Empieza a dar un discurso sobre Fernando e Isabel porque no recuerda que tiene que dar un discurso sobre el arte. Todos los estudiantes conocen a Paco. No respetan mucho a Paco porque nunca recuerda nada.

Paco va a la cafetería. Compra un almuerzo y busca un asiento en la cafetería. Come un poco de su sándwich y empieza a gritar. Grita: "¡Uf! ¡Alguien me puso comida en la boca! ¿Quién me puso comida en la boca?"

Su amiga Susana le explica que él mismo se puso el sándwich en la boca. Entonces, Paco mira el sándwich y hace otra pregunta: "Alguien se comió parte de mi sándwich. ¿Quién se lo comió?" Susana contesta que él mismo se comió el sándwich.

Paco no sabe qué hacer y le pide ayuda a su amiga. Le pide ayuda a Susana, pero no recuerda su nombre. Los dos discuten el problema de Paco, pero en un instante, Paco no recuerda su propio nombre.

Susana le pide a Paco su carnet de identidad. Por suerte, lo lleva. Susana le muestra a Paco su carnet de identidad. Paco mira el carnet de identidad y no entiende por qué él se llama Susana. El carnet de identidad dice: "Susana Ochoa Nieto." ¡Ay! Paco tiene el carnet de identidad de Susana. Susana escribe "Paco Fernández Mondragón" en una servilleta, corta la servilleta con tijeras y pone la servilleta en el carnet de identidad con cinta adhesiva y una grapadora. Paco está contento por un minuto y luego hace una pregunta más: "Pero, ¿quién se comió todo mi almuerzo?"

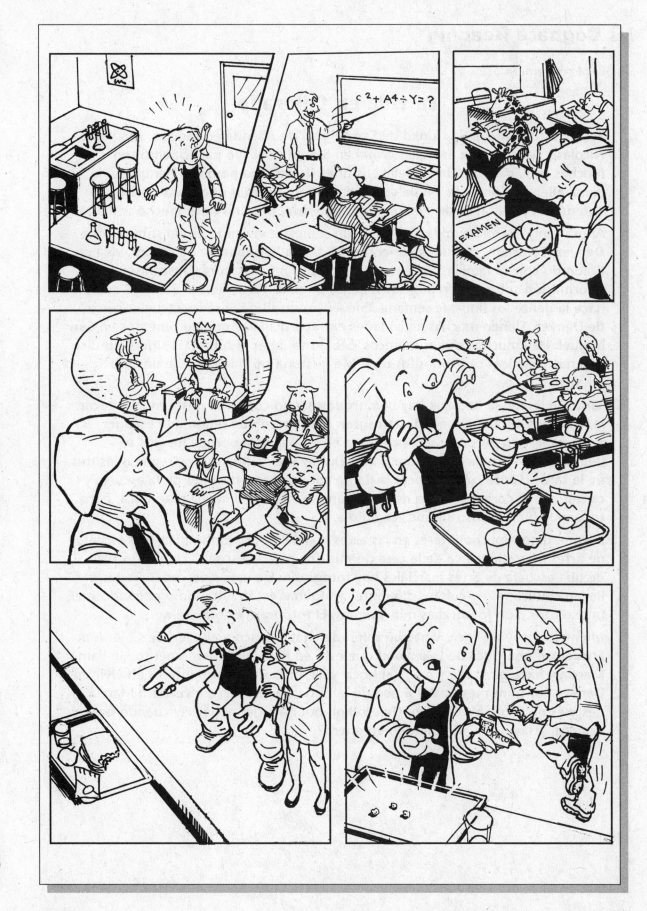

1B Cognate Reading

Read Fondo cultural (p. 51).

La vida en Colorado

Yo soy estudiante en la ciudad de San Miguel de Allende en México. Me llamo Nicolasa. Asisto a una escuela normal en San Miguel. No participamos en muchas actividades en la escuela. Los fines de semana pasamos tiempo en la Plaza Allende y voy a la iglesia con toda mi familia. Más que nada quiero aprender a jugar al hockey en un lugar muy frío, pero no hace mucho frío aquí.

Ahora tengo la oportunidad de pasar un semestre viviendo en un suburbio de Denver, Colorado, con unos parientes. Mi tía, la hermana de mi madre, vive en Colorado con su familia. Navego en la Red por muchas horas buscando información sobre Colorado. Hay muchas páginas Web. Quiero saber lo que hace la gente los fines de semana. Encuentro un sitio sobre las escuelas cerca de Denver. Tienen muchas actividades extracurriculares que no tenemos en San Miguel. Hay muchos clubes atléticos. Me gusta jugar al fútbol. El sitio Web dice que hay prácticas casi todos los días. Me gustaría ser miembro de un club atlético.

También leo en la Red que hay una orquesta y un coro. Me gusta mucho tocar la flauta, pero también me gusta cantar. Me parece que tengo que escoger entre cantar en el coro y tocar la flauta en la orquesta porque los dos se reúnen a las siete de la mañana. También hay una banda que se reúne a las tres de la tarde. Quizás podría tocar la flauta con la banda después de la escuela y cantar con el coro a las siete de la mañana. No tengo una voz magnífica, pero toco muy bien. Pienso ser música un día.

Porque tengo mucho interés en las artes marciales, busco también una escuela de artes marciales cerca de la casa de mis tíos o de la escuela. En el sitio Web de una escuela de artes marciales hay fotografías de varias personas. Todas llevan cinturones de colores diferentes y algunas están saltando o pegándose el uno al otro. Son fotografías muy buenas. El fotógrafo es buenísimo.

Mientras estoy en línea, visito un salón de chat y busco a alguien de Colorado. Encuentro una chica de Lakewood que está en línea en este momento. Se llama Marcia y hace gimnasia y juega al hockey. Le digo que tengo interés en vivir en Denver por unos meses. Voy a pedirle a mi tía que me lleve a visitar a Marcia después de llegar a Colorado. Quiero aprender a jugar al hockey cuando nos veamos. ¿Hay nieve en Colorado en enero?

Photocopy for students.

© Pearson Education, Inc.

1B Personalized Mini-Situation A

Read A primera vista *(pp. 46–47). Read* Videohistoria *(pp. 48–49) and watch* Después de las clases. *Read* Fondo cultural *(p. 44).*

Vocabulary

el / la cantante
Mime singing into a microphone.
Graba la canción.
Mime holding a microphone and pressing the "record" button on a tape recorder.
Toma lecciones de voz.
Mime singing, with exaggerated gestures to indicate breathing from the abdomen, etc.

Personalized questions and answers

1. ¿Quién es tu cantante favorito? ¿A qué cantante prefieres escuchar? ¿Cuánto tiempo hace que escuchas a este(a) cantante? ¿Eres cantante cuando estás en la ducha? ¿Conoces a algunos cantantes?
2. ¿Hay canciones que escuchas cuando te sientes triste? ¿Es más divertido grabar canciones o bajarlas de la Red? ¿Cómo prefieres grabar canciones?
3. ¿Son difíciles las lecciones de voz? ¿Más difíciles que tomar lecciones de tenis? ¿Hay algunos cantantes populares que no han tomado lecciones para la voz?

Personalized mini-situation

L1: (la casa) Hay una chica de la clase de español que se llama Guapa. Tiene *[number]* amigos y es muy popular, pero quiere ser tan famosa como *[popular singer]*. Practica mucho en la ducha. Ella graba un disco compacto en su garaje. Graba un disco compacto con una sola canción. Quiere vender el disco compacto en la Red, pero nadie lo compra. Nadie lo escucha.

L2: (Miami) Guapa viaja a Miami. Toma lecciones para la voz todos los días. Estudia y practica muchísimo. Escribe canciones para un nuevo CD. Con un grupo de músicos, Guapa graba muchas canciones. ¡Graba tantas canciones como en un CD normal! Sabe cantar muy bien. Ahora es tan buena como *[popular singer]*, pero todavía no es famosa.

L3: (otra ciudad) Va a *[city]* y toma lecciones de ballet folklórico. Practica por horas y horas. Ahora es buena cantante y buena bailarina. Cuando sale el CD, todos los *[number]* amigos de Guapa lo compran, y ahora Guapa es tan famosa como *[popular singer]*.

Ask the story

L1: (la casa) ¿Cuántos amigos tiene Guapa? ¿Quiere ser tan popular como *[popular singer]*? ¿**Graba** un disco compacto? ¿Dónde? ¿**Lo graba** en la ducha? ¿Lo **graba** en su garaje? ○ ¿**Graba** un disco compacto con una sola **canción** o con muchas? ¿Quiere vender el disco compacto en la Red o en *[name of mall]*? ¿Muchas lo compran o nadie lo compra? ¿Nadie lo escucha o muchas lo escuchan?

L2: (Miami) ¿Por qué viaja Guapa a Miami? ¿**Toma lecciones de voz?** ¿**Toma lecciones de voz** todos los días o solamente una vez? ○ ¿Cuántas canciones **graba**? ¿**Graba** muchas canciones? ¿**Graba** tantas **canciones** como en un disco normal? ○ ¿Practica mucho? ¿Ahora es una **cantante** tan buena como *[popular singer]*? ¿Es una **cantante** famosa o todavía no es una **cantante** famosa? ○

L3: (otra ciudad) ¿Adónde va? ¿Va a *[city]* y **toma lecciones?** ¿**Toma lecciones** de ballet folklórico? ¿**Toma lecciones** de ballet folklórico o de salsa? ¿Ahora es buena **cantante?** ¿Es mala **cantante?** ¿Es una **cantante** mejor o una bailarina mejor? ○ ¿Es una **cantante** famosa? Cuando sale el disco, ¿quién lo compra? ¿Todos sus amigos? ¿Cuántos amigos de Guapa lo compran? ¿Es Guapa tan famosa como *[popular singer]* ahora?

Hooks: Vende su **canción** en eBay. / Viaja a Miami y allá conoce a Gloria y Emilio Estefan. / **Toma lecciones de voz** con Enrique Iglesias. Él le pregunta: "¿Cuánto tiempo **hace** que cantas tan bien?"

1B Personalized Mini-Situation B

Read ¡Adelante! Lectura (pp. 62–63). Read Fondo cultural (p. 63).

Vocabulary

Los jóvenes vuelven.
Point to two young people with both hands, pull hands into yourself as if they are coming back.

Asiste a la reunión.
Move your arms in a big circle as if encircling a big group of people.

Hace muchos años que...
Place the palms of your hands together to the left in front of your body. Pull your right hand slowly away from the left.

Personalized questions and answers

1. ¿Hace muchos años que asistes a esta escuela? ¿Cuántos años hace? ¿Hace muchos años que asistes a clases de español?
2. ¿Asistes a las reuniones del club de español? ¿Siempre asistes a las reuniones? ¿Asistes a reuniones de otros clubes? ¿A qué universidad te gustaría asistir? ¿Por qué?
3. ¿A qué hora vuelves a casa cuando sales con tus amigos los fines de semana? ¿Tus padres vuelven más tarde que tú?

Personalized mini-situation

L1: (la clase de español) En la escuela *[school name]* hay muchas actividades. Manolo, de la clase de español, asiste a todas las reuniones. Pero hay un problema: hay tantas reuniones en esta escuela que los jóvenes no tienen tiempo para asistir a sus clases (con excepción de la clase de español).

L2: (una reunión) Un día, Manolo asiste a una reunión de *[club]* antes de la escuela.

L3: (la cafetería) Durante el almuerzo, Manolo asiste a una reunión de *[other club]*. Están planeando un evento muy importante y Manolo no vuelve a sus clases por el resto del día. Él lo sabe todo. No tiene que estudiar. Saca buenas notas.

L4: (la clase de baile) Manolo sale de la escuela temprano porque tiene que asistir a la lección de merengue, el baile tradicional de la República Dominicana. Hace muchos años que estudia el merengue y lo baila muy bien.

L5: (la casa de Manolo) Hace muchos años que Manolo no asiste a una clase completa. Decide que tiene demasiadas reuniones y no tiene tiempo suficiente para asistir a las clases. ¡Está tan ocupado que no tiene tiempo para ir a la escuela! Compra una casetera y graba todas las clases. El joven no vuelve a las clases. Por las noches escucha las grabaciones. Ya que tiene una solución para su problema, decide que quiere asistir a más reuniones y tomar lecciones de tango porque tiene demasiado tiempo libre.

Ask the story

L1: (la clase de español) ¿Cuántos clubes hay en nuestra escuela? ¿Quién en la clase de español **asiste a** todas las reuniones? ¿**Los jóvenes** en <u>nuestra</u> escuela **vuelven a** clase? (Siempre **asisten** a la clase de español.)

L2: (una **reunión**) ¿Manolo **asiste** a una **reunión** de *[club]* antes de la escuela? ¿**Asiste a una reunión** de qué? ○ ¿**Asiste a otra reunión** durante <u>su</u> primera clase? ¿**Vuelve** a su primera clase? ¿**Asiste a una reunión** durante <u>su segunda</u> clase? ¿De qué? ¿**Vuelve** a su clase?

L3: (la cafetería) Durante el almuerzo, ¿**asiste** a una **reunión** de *[other club]*? ○ ¿**Vuelve** a sus clases por el resto del día? ¿**No vuelve** a sus clases por el resto del día o no **vuelve** por el resto de su vida? ○ ¿Él lo sabe todo?

L4: (la clase de baile) ¿Sale de la escuela temprano? ¿**Tiene que asistir** a una lección de merengue, el baile tradicional de la República Dominicana? ○ ¿**Hace muchos años que** estudia el merengue o **hace pocos años**? ○ ¿Lo baila muy bien porque **hace muchos años que** <u>lo estudia</u>?

L5: (la casa de Manolo) ¿**Hace muchos años que** Manolo no **asiste** a una clase completa? ○ ¿**Hace muchos o pocos años**? ¿Qué decide comprar? ¿Una casetera? ¿**Graba** todas las clases? ○ ¿**Vuelve** a las clases o **no vuelve** a las clases? ○ ¿Escucha las grabaciones? ¿Cuándo? ¿Ya que tiene una solución, ¿**asiste a más reuniones**? ¿**Toma más lecciones**? ¿De qué? ¿Tango? ¿Por qué? ¿Porque tiene <u>demasiado tiempo libre</u>?

Hooks: Sus clubes: club de poner cinta en cajas; club de contar chistes; club de levantarse; club de morderse las uñas; club de tirar papeles al basurero del otro lado de la sala de clases.

1B Personalized Mini-Situation C

Vocabulary

Escoge entre los pasatiempos.
Mime cleaning, mime golfing—then put index finger to mouth deciding which to do.

Hace una búsqueda.
Make modem connecting sounds.

El equipo gana.
Hold both hands up in the air to signify gol and yell "Wahooo!"

Personalized questions and answers

1. ¿Cuál es tu equipo (de tenis, de béisbol, etc.) favorito? ¿Siempre gana? ¿Tienes un equipo favorito que nunca gana? ¿Es más importante un equipo que gana o un equipo que se esfuerza mucho?

2. Cuando quieres información, ¿prefieres hacer una búsqueda en la biblioteca o en la Red? ¿Cómo haces búsquedas en la Red?

3. ¿Cuáles son tus pasatiempos preferidos? ¿Cuáles son los mejores pasatiempos? Si tuvieras que escoger entre el pasatiempo de masticar chicle y el pasatiempo de caminar, ¿cuál escogerías? ¿Podrías masticar chicle y caminar?

Personalized mini-situation

L1: (la casa de Rubia) Rubia no tenía un pasatiempo bueno. Decidió escoger entre varios pasatiempos. No quería jugar al tenis porque el equipo de la escuela nunca gana y no es muy interesante cuando uno no gana. No quería tomar lecciones de baile porque Rubia no sabe bailar muy bien. Es difícil escoger entre los pasatiempos.

L2: (fuera de la casa) Un día habló con *[name of celebrity]* y le pidió su opinión sobre el mejor pasatiempo. *[Celebrity]* le preguntó: "¿Qué es lo que te gusta más que nada? Escoge un pasatiempo y hazlo".

L1: (la casa de Rubia) Pues más que nada Rubia quería conocer a *[other celebrity]*. ¡Pero había un problema! ¿Cómo es posible conocer a una persona tan famosa como *[other celebrity]*? Rubia lo pensó. Regresó a su casa y creó una página Web llamada *Conocer a [other celebrity]*. Ella buscó información sobre *[other celebrity]*. Creó la página Web.

¿Cuánto tiempo hace que existe la página ahora? Hace varias semanas Rubia se sienta en su silla mirando su computadora. Por fin recibe una carta electrónica de *[other celebrity]*. Dice: "Rubbia, tú eres mi mejor admiradora. Gracias por la página Web. Es muy buena". Rubia lee el mensaje 2384.4 veces. A ella no le gusta el mensaje porque *[other celebrity]* escribió mal su nombre. Decide buscar otro pasatiempo.

Ask the story

L1: (la casa de Rubia) Había una chica. ¿Cómo se llamaba? ¿Rubia tenía un pasatiempo o no lo tenía? ○ ¿Tenía un pasatiempo bueno? ¿Qué quería? ¿Decidió escoger entre varios pasatiempos? ○ ¿Cuáles pasatiempos? ¿Quería jugar al tenis? ¿El equipo de la escuela gana a veces o nunca gana? ¿Es muy interesante cuando uno no gana? ¿Quería tomar lecciones o no quería tomar lecciones de baile? ¿Rubia sabe bailar muy bien? ¿Es difícil escoger entre los pasatiempos? ○

L2: (fuera de la casa) Un día habló con… ¿quién? *[name of celebrity]* ¿Le pidió su opinión sobre… ¿qué? ¿Sobre el mejor pasatiempo? ¿Qué le dijo? ¿Le dijo, "Escoge un pasatiempo y hazlo" o le dijo, "Escoge un pasatiempo tonto"? ○

L1: (la casa de Rubia) Rubia quería conocer a… ¿quién? *[other celebrity]* ¿Rubia regresó a su casa? ¿Hizo una búsqueda? ¿Hizo una búsqueda por qué? ○ ¿Creó una página Web nueva? ¿Cómo se llamaba? ¿Se llamaba "Conocer a *[other celebrity]*"? ○ ¿Cuánto tiempo hace que existe la página ahora? ¿Hace varias semanas? ○ Por fin, ¿Rubia recibe una carta electrónica? ¿De quién? ¿De *[other celebrity]*? ¿Qué le dice? ¿Dice: "Rubia, tú eres mi mejor admiradora. Gracias por la página Web. Es muy buena"? ¿Cuántas veces lee el mensaje? ¿Lo lee 2384.4 veces? ¿A ella le gusta el mensaje o no le gusta el mensaje? ¿Por qué? ¿Porque deletreó incorrectamente su nombre?

Hooks: *[First celebrity]* le pide a Rubia que ella haga un sitio Web para él (ella) también. / Rubia abre una escuela para enseñarles ortografía a las personas famosas.

1B Extended Reading

Read **Fondo cultural** *(p. 54). Read* **"Celia Cruz"** *(p. 59).*

Tito lo hace todo

Tito es un chico que vive en San Miguel de Allende, México. Tito quería participar en algunas actividades extracurriculares. No hay muchas oportunidades en las escuelas de América Latina de participar en un coro, equipo deportivo, lecciones de artes marciales u otras actividades después de las clases. Normalmente, los estudiantes que tienen interés en algún pasatiempo como la fotografía, la música o el baile van a centros culturales o talleres en sus comunidades. Tito hizo una búsqueda en la Red para encontrar sitios Web que enseñen varias actividades.

Primero, Tito fue al sitio del Centro Municipal en Mazatlán porque quería aprender a bailar. Aprendió el tango de Argentina, el merengue del Caribe y el flamenco de Andalucía. Practicó en su habitación cada noche. Ahora sabe todos los bailes y es un bailarín magnífico. Sabe tantos bailes como los bailarines profesionales.

Tito también quería aprender a jugar al béisbol. El fútbol es el deporte preferido entre muchos jóvenes hispanohablantes. Pero en la República Dominicana, Puerto Rico, Cuba, Venezuela y otros países, el béisbol es tan popular como el fútbol y muchas veces es el deporte más popular. Tito conocía a algunos chicos que querían formar un equipo de béisbol. Tito aprendió a jugar al béisbol con un videojuego que encontró en línea. También aprendió de memoria los nombres de todos los jugadores profesionales.

Tito también decidió que quería tomar lecciones de música en línea. Primero, hizo una búsqueda sobre Celia Cruz, porque es su cantante favorita. Ella era una cantante y actriz muy conocida por su música salsa. Tito quería saber todo sobre Celia Cruz para aprender a cantar tan bien como ella.

Tito decidió participar en todo y aprender a hacer todo. Ahora, Tito es experto en todo. Hace dos años que practica con el equipo de béisbol. Hace tres semanas que practica con el equipo de básquetbol. Hace diez meses que toma lecciones de artes marciales. Hace un año y medio que participa en el coro. Hace un año que es fotógrafo. Un día decide crear una página Web sobre todas sus actividades. Recibe un mensaje de una chica en Denver, Colorado. Se llama Nicolasa y es de San Miguel de Allende.

Tito le escribe: "¿Cuánto tiempo hace que vives en Colorado?" Nicolasa responde: "Hace cinco meses que vivo en Colorado y juego al hockey. Sé que es el mejor deporte del mundo. Soy miembro de un equipo muy bueno".

Tito no conoce a nadie que juegue al hockey. Le pide a Nicolasa que regrese a San Miguel de Allende porque él quiere aprender el deporte. Nicolasa le escribe que regresa en quince días porque hace tanto calor en Colorado ahora que es difícil jugar al hockey. Todo el hielo es agua y a ella no le gusta nadar.

Tema 2

Un evento especial

© Pearson Education, Inc.

2A Cognate Reading

Read ¡Adelante! Lectura (pp. 90–91). Read Fondo cultural (p. 91).

Las audiciones de Santiago

Me llamo Santiago. Voy a un evento especial. Tengo una audición. Estoy muy nervioso. Voy al teatro. Voy al Teatro Colón de Buenos Aires. Voy al Teatro Colón de Buenos Aires porque tengo una audición para la ópera *La Traviata*. Es una ópera muy elegante. Estoy muy entusiasmado. Es el teatro más importante de toda la Argentina, quizás de toda la América del Sur. Es un teatro muy elegante.

Para prepararme para la audición, estoy duchándome. Me lavo la cara. Me lavo los brazos. Me ducho lentamente. Me ducho por horas y horas. Me seco el cuerpo con una toalla y me seco el pelo con un secador. Me cepillo el pelo y me pongo gel en el pelo. Me cepillo los dientes. Me visto con pantalones y una camisa. Me pongo cinturón. No me pongo calcetines. No me pongo zapatos. Estoy muy nervioso y no recuerdo todo. Me corto las uñas. Me pongo agua de colonia. Estoy muy entusiasmado. No estoy tranquilo. Me afeito. Me afeito rápidamente y me corto la cara seis veces. No me pongo el desodorante. No recuerdo ponerme el desodorante.

El Teatro Colón de Buenos Aires ofrece al público conciertos, óperas, ballet y otros programas culturales; yo quiero cantar en el coro de *La Traviata*. Estoy muy nervioso. No hay muchas personas que puedan cantar en el coro de *La Traviata* después de las audiciones. Cantar en *La Traviata* depende de una audición buena.

Voy al Teatro Colón. Canto muy bien en la audición. Canto mejor que todos los demás. Pero cantar en el coro no depende sólo de la voz. Canto muy bien en la audición, pero no voy a cantar en el coro de *La Traviata*. No voy a cantar porque no causo una impresión muy buena. No me puse desodorante y no tengo ni zapatos ni calcetines en los pies.

Voy al centro comercial Galerías Pacífico para otra audición. Es una audición para las personas que venden agua de colonia en una tienda. Lo paso muy bien en la audición. Lo paso muy bien porque canto mientras vendo el agua de colonia. Ahora vendo agua de colonia en Galerías Pacífico.

2A Personalized Mini-Situation A

Read A primera vista (pp. 74–75). Read Videohistoria (pp. 76–77) and watch ¿Más maquillaje? Read Fondo cultural (p. 72).

Vocabulary

Se acuesta.
Put hands together and lay your cheek on them, as if to go to sleep.

Se despierta porque no está cómoda.
Squirm in discomfort, then stretch your hands over your head as you wake up.

Se pone, por ejemplo... (el cinturón, el agua de colonia, las joyas)
Mime putting on an item such as a belt, cologne, or jewelry.

Personalized questions and answers

1. ¿A qué hora te acuestas durante la semana? ¿A qué hora te acuestas los fines de semana? ¿Qué haces antes de acostarte? ¿Lees o ves la tele antes de acostarte?

2. ¿A qué hora te despiertas durante la semana? ¿Por qué te despiertas? ¿Te despiertas temprano cuando no estás cómodo(a)? ¿Por qué no estás cómodo(a)? ¿Es cómoda tu cama?

3. ¿Siempre te pones cinturón cuando llevas pantalones? ¿Te pones cinturón, por ejemplo, cuando llevas jeans grandes? ¿Qué te pones cuando tienes una cita? ¿Te pones el agua de colonia o te pones joyas?

Personalized mini-situation

L1: (la sala) Una chica está muy emocionada porque va a ir a una fiesta muy buena al día siguiente. Decide vestirse la noche anterior porque quiere estar lista a tiempo para la fiesta.

L2: (el dormitorio) Así que va a su cuarto y se pone un vestido muy elegante y también se pone muchas joyas muy grandes y muy elegantes. Después de prepararse, va a la cama y se acuesta. Después de dormir por poco tiempo se despierta porque no está cómoda. No está cómoda a causa de las joyas tan grandes y el vestido elegante. Trata de dormir sobre el lado izquierdo. Trata de dormir sobre el lado derecho. Da vueltas toda la noche. Se despierta 45 veces porque no está cómoda.

L2: (el dormitorio) Se levanta por la mañana y el vestido está completamente arruinado. Busca por todo su armario y no puede encontrar otro vestido elegante. Se pone las joyas. Se pone cinturón. Se pone el agua de colonia. Y se pone el pijama.

L3: (la fiesta) Ahora está muy cómoda y va a la fiesta muy feliz.

Ask the story

L1: (la sala) ¿Está emocionada la chica porque va a una fiesta o porque **se acuesta** para la noche? ○ ¿Va a una fiesta al día siguiente? ¿Cuándo decide vestirse para la fiesta? ¿**Se pone ropa cómoda la noche anterior?** ¿**Se pone jeans antes de acostarse?** ¿A qué hora **se acuesta?** ○ ¿**Se pone pijama o se pone ropa para la fiesta?** ○ ¿**Se despierta?** ¿**Se despierta porque no está cómoda?** ¿**Se despierta porque no está cómoda** en zapatos? ¿Por qué **se acuesta** con toda la ropa puesta? ¿Porque quiere estar lista a tiempo?

L2: (el dormitorio) ¿Qué **se pone** la chica en su cuarto? ¿**Se pone joyas y se acuesta?** ¿**Se pone** joyas grandes? ¿Cómo son las joyas que **se pone?** ¿**Se pone** un vestido y **se acuesta?** ¿Por qué **se despierta?** ¿**Se pone** un vestido normal o **se acuesta** en la cama o en el suelo? ¿A qué hora **se acuesta?** ¿Por qué **se despierta?** ¿**Se despierta porque no está cómoda?** ¿A qué hora **se despierta?** ○ ¿No está **cómoda** a causa de las joyas? ¿Trata de dormir sobre el lado derecho? ¿**Se despierta otra vez?** ¿Cuántas veces **se despierta** tantas veces?

¿A qué hora se levanta la chica? ¿Cómo es su vestido? ¿**Se pone** otro vestido? ¿Cómo se prepara la chica para ir a la fiesta? ¿Qué **se pone?** ¿**Se pone** las joyas? ¿**Se pone** cinturón cuando **se despierta?** ¿**Se pone** agua de colonia cuando se **despierta?** ¿**Se pone** el pijama?

L3: (la fiesta) ¿Es **cómoda** su ropa para la fiesta? ¿Llega a tiempo o llega tarde? ¿Está contenta?

Hooks: Todos los demás invitados llevan pijama también. / La chica lleva su vestido arruinado.

© Pearson Education, Inc.

2A Personalized Mini-Situation B

Vocabulary

antes de la cita
Move your hand counterclockwise over a watch to indicate "before".

Se viste para la boda.
Put on a veil.

Luego participa en un concurso.
Move hand from close to the body outward to indicate "later," then yell "Jeopardy!" to indicate "contest."

Personalized questions and answers

1. ¿Cómo se viste una persona para una boda? ¿Cómo te vistes cuando vas a una boda? ¿Luego regresas a la casa y te vistes de jeans?

2. ¿Qué haces antes de una cita? ¿Cómo te vistes antes de una cita? ¿Te vistes con ropa especial o te vistes con ropa normal? ¿Luego regresas a la casa y te cambias la ropa?

3. ¿Crees que es buena idea hacer un concurso para encontrar esposo o esposa? ¿Crees que puedes encontrar un esposo o una esposa en un concurso de un programa de realidad en la tele? Si tuvieras la oportunidad, ¿buscarías un esposo o una esposa en un concurso de la televisión?

Personalized mini-situation

L1: (la casa) Una chica quiere un esposo pero tiene un problema. No tiene novio. Así que decide participar en un concurso para conseguir un esposo.

L2: (la tienda) Va a una tienda de bodas para comprar un vestido para la boda. Compra un vestido muy bonito. Sale de la tienda y va a una estación de televisión para participar en el concurso.

L3: (la estación de tele) En el concurso, treinta chicos se visten de traje de boda. Ellos tratan de *[activity]*. El mejor en *[activity]* puede casarse con la chica. Por fin, un chico *[activity]* mejor que los otros. Él y la chica se casan inmediatamente en la estación de televisión.

L4: (la ciudad) Después de casarse, tienen muchas citas. Tienen citas por toda la ciudad. Van a ver películas. Toman cafés. Pasan mucho tiempo hablando. Descubren que son la pareja perfecta porque él es el mejor *[doer of activity]* de todos.

Ask the story

L1: (la casa) ¿Qué quiere la chica? **Antes de una boda,** ¿necesita un novio? ¿Tiene un novio? ¿Tiene un problema la chica? ¿Qué **decide hacer** la chica? Primero, ¿decide que quiere un novio? **Luego, ¿decide que quiere participar en un concurso?** ○ ¿**Para conseguir qué**? ¿Decide participar en **un concurso para conseguir** un perro o un esposo? ○ ¿Qué tipo de concurso es? ¿Cómo **se prepara** la chica para **el concurso**?

L2: (la tienda) ¿Adónde va? ¿Va a una tienda de bodas o una tienda de pantalones? ¿Va para comprar un vestido para la boda o para comprar un reloj? ¿Cómo es el vestido? ¿Cuánto cuesta el vestido que compra? **Luego,** ¿se pone el vestido? **¿Se viste para la boda? Luego,** ¿sale de la tienda?

L3: (la estación de tele) ¿La chica va a **una estación de** televisión **para participar en el concurso**? ○ ¿Cuántos chicos quieren **participar en el concurso**? ¿Cuántos chicos participan en el concurso? ¿Cómo **se visten** los chicos? ○ ¿Cómo **se viste para el concurso** la chica? ¿Qué tienen que **hacer** los chicos para **ganar el concurso**? ○ **Luego,** ¿qué pasa cuando un chico gana **el concurso**? ¿**Se conocían** el chico y la chica antes **de la boda**? ¿**Se visten** para la boda o ya están vestidos? **Antes de la cita,** ¿qué hacen?

L4: (la ciudad) ¿Qué hacen el chico y la chica después de la boda? **Luego,** ¿dónde tienen citas? ¿Qué hacen durante las citas? ¿**Se visten** para las citas? ○ **¿Están contentos de** haberse casado?

Hooks: Es un concurso de bailar tango, de gruñir, hacer labores de punto, de ponerse maquillaje...

Vocabulary

pide prestado
Hold out hand, palm up, to ask someone for something.

Se arregla el pelo (lentamente).
Mime brushing and styling hair.

Se ve bonito(a).
Mime admiring yourself in the mirror.

Personalized questions and answers

1. ¿Les pides prestado dinero a tus padres? ¿Qué le pides prestado a tu mejor amigo(a)? ¿Qué le pides prestado a tu profe? A tus padres, ¿les pides prestado el coche?
2. ¿Cuánto tiempo necesitas para arreglarte el pelo? ¿Te arreglas el pelo por la mañana o por la tarde? ¿Te ves bonito(a) después? ¿Te arreglas el pelo lenta o rápidamente?
3. ¿A qué hora te acuestas por la noche? ¿Te acuestas tarde o temprano? ¿Te ves cómodo mientras duermes? ¿Dónde se acuesta tu perro o tu gato? ¿Se ve cómodo cuando duerme? ¿Te acuestas en la escuela?

Personalized mini-situation

L1: (la sala) Una noche una chica se acuesta muy tarde porque pasa toda la noche mirando *[TV program]* en la televisión. Se acuesta en el sofá. El sofá es muy cómodo. No se acuesta en la cama. A la mañana siguiente se despierta tarde. ¡Va a llegar tarde a la escuela! Normalmente le gusta arreglarse el pelo lentamente porque quiere verse bonita. Hoy no tiene tiempo para arreglarse el pelo. No tiene tiempo para ponerse desodorante. No se ve bonita. No huele bien. Va a la escuela en pijama.
L2: (la escuela) La chica corre a la escuela. No tiene tiempo para caminar lentamente. Casi llega tarde a la escuela. Cuando llega a la escuela le pide prestado desodorante a su amiga, pero ella no se lo da. Le pide prestado el agua de colonia porque huele mal y está tan sucia como un cerdo.
L3: (la sala de clases) Va a una clase de *[subject]* y le pide prestado un cepillo al profesor para arreglarse el pelo, pero él no se lo da. El profesor no tiene pelo ni tiene cepillo tampoco.
L4: (otra sala de clases) Por fin va a una clase de ciencias y encuentra una botella de champú en la sala de clases. Va al gimnasio y usa el champú. En un instante, se le cae todo el pelo y queda completamente calva. Le pide prestado un sombrero al profesor de gimnasia y se ve bonita. Huele bien también.

Ask the story

L1: (la sala) ¿A qué hora se despierta la chica? ¿Tiene tiempo para prepararse? Normalmente, ¿le gusta arreglarse el pelo rápidamente? ¿Quiere verse bonita? ○ Normalmente, ¿por cuánto tiempo se arregla el pelo? ¿Se arregla el pelo con un cepillo o se arregla el pelo con sus dedos? ¿Se ve bonita hoy? ¿Tiene tiempo para ponerse desodorante? ¿Se ve bonita? ○ No se ve bonita. ¿Huele bien? ¿Cómo se viste para ir a la escuela?
L2: (la escuela) ¿Camina lentamente a la escuela o corre a la escuela? ¿Tiene tiempo para caminar lentamente? ¿Casi llega tarde a la escuela? Cuando llega a la escuela, ¿qué le pide prestado a su amiga? ¿Le pide prestado desodorante? ○ ¿Ella se lo da o no se lo da? ¿Le pide prestado un poco de maquillaje? ¿Su amiga se lo da? ¿Le pide prestado el agua de colonia? ¿Por qué?
L3: (la sala de clases) ¿A qué clase va la chica primero? ¿Le pide prestado algo al profesor? ○ ¿Qué le pide prestado? ¿Le pide prestado un cepillo al profesor para arreglarse el pelo? ¿El se lo da? ¿El profesor se lo da o no lo tiene? ¿Tiene pelo el profesor?
L4: (otra sala de clases) ¿A qué clase va la chica después? Por fin va a la clase de ciencias y ¿qué encuentra en la clase? ¿Champú? ¿Qué clase de champú es? ¿Adónde va para ducharse? ¿Se ducha en la sala de clases? ¿Va al gimnasio? ¿Qué clase de champú es? ¿Se le cae todo el pelo? ¿Qué le pasa al pelo? ¿Se le cae todo el pelo? ¿Qué le pasa después? ¿Le pide prestado algo al profesor de gimnasia? ¿Cómo se ve la chica? ¿Se ve bonita?

Hooks: En la tele la chica mira un concurso de belleza para personas sin pelo.

2A Extended Reading

Read ¡Adelante! Lectura (pp. 118–119).

La vida de una actriz

Una mujer que se llama Pilar tiene un evento especial. Es una actriz y tiene una audición en el Teatro Colón en Buenos Aires. Se prepara para la audición por horas y horas. La noche anterior se acuesta temprano pero no se duerme porque está tan nerviosa. Se despierta temprano. Antes de la audición, se lava la cara. Se cepilla los dientes. Se baña y se pone demasiada agua de colonia. Va a un salón de belleza. Rápidamente le ponen gel en el pelo y le pintan las uñas y los labios. Se ve muy elegante. Ella está tan bella que regresa a casa y se toma una foto.

Pilar tiene una cita en el Teatro Colón a las once de la mañana. Cuando llega le dicen que hoy no están buscando una mujer bella. Están buscando viejas y hombres que puedan bailar y cantar ópera. Pilar se levanta lentamente y sale.

La semana siguiente Pilar está entusiasmada otra vez porque hay un concurso en una estación de televisión. El ganador tendrá un papel en un programa de televisión. Para el concurso, ella tiene que vestirse para una boda. Se pone un vestido elegante y joyas de oro y plata. El vestido no es suyo; es de una amiga. En el concurso, tiene que robar joyas de la cima de una montaña mientras lleva el vestido de boda. Pilar se afeita las piernas, se arregla el pelo y se ve bonita. Se le olvida ponerse desodorante. Cuando sube a la cima de la montaña, huele muy mal y nadie quiere casarse con ella.

Luego, Pilar se prepara para otra audición. Es una audición para una propaganda de la tele. Antes de la audición se ducha durante mucho tiempo. En la ducha se cepilla el pelo largo con un cepillo especial para pelo largo. Se pone maquillaje y se seca lentamente el pelo con un secador. Se pone gel en su pelo magnífico. Es una propaganda para una toalla que es tan suave que se puede usar en una cabeza calva. Cuando llega a la audición le dicen que desafortunadamente sólo están buscando un hombre calvo (sin pelo).

Pilar pide prestadas unas tijeras y se corta rápidamente el pelo. Pilar está tranquila. Está cómoda sin pelo. Depende mucho del dinero que gana como actriz y necesita trabajo. Se viste de hombre. Se pone jeans y un cinturón. El cinturón no es suyo; es de su vecino. Aunque Pilar es muy guapa como hombre, no le dan el papel de hombre en la propaganda.

Ya que no tiene pelo, Pilar no va a audiciones para la televisión. Cree que debe buscar otras oportunidades, por ejemplo para propagandas de radio.

2B Cognate Reading

*Read **Fondos culturales** (pp. 109, 117).*

Princesita y el agua

Princesita era una muchacha muy, muy guapa e inteligente, que vivía en México. Era una estudiante muy, muy buena. Llevaba un uniforme claro y muy elegante a la escuela cada día. También llevaba un cinturón de colores vivos. El estilo no era muy interestante pero llevaba calcetines de colores vivos, también. Los calcetines eran muy extravagantes.

Hace pocos días, Princesita se despertó a las once de la mañana, se cepilló los dientes y se duchó, pero no se vistió. Había un desastre en su casa. Había un problema con la lavadora: había agua por todas partes. Había agua en el suelo. Había agua en el refrigerador. Había agua en los zapatos de Princesita. Había agua en toda la ropa de Princesita. Había agua en el techo. Había agua en la cama de Princesita. Princesita se vistió. Llevó un suéter de cuello alto de su amiga Niñita y unos jeans muy, muy grandes de su amigo Nicolás.

Princesita miró el periódico y vio que el almacén Wal-get anunciaba una liquidación. ¡Todos los zapatos en liquidación! Inmediatamente fue a Wal-get. Princesita buscó zapatos pequeños de colores pastel. Compró sandalias de plástico por cuatro pesos y mocasines sintéticos por dos pesos. Los zapatos eran número 36 y medio. Buscó ropa elegante talla mediana de Narciso Rodríguez. Encontró una chaqueta de nilón con 33 botones y la compró. También compró camisas de un solo color, faldas oscuras y ropa interior de colores pastel. ¡Los precios eran buenos! En realidad, no le importaban mucho los precios si la ropa estaba de moda. ¡Y los estilos eran buenísimos también!

Compró unas botas de plástico número 42. También compró una chaqueta de plástico. Y pantalones de plástico. También había una liquidación de plástico para cubrir los sofás. Compró un rollo grande que costó sólo 80 millones de pesos y 12 centavos. Pero en realidad, a Princesita no le importaban los precios si todo estaba de moda. Ya todos saben que el plástico está de moda.

Por último, Princesita compró una caña de pescar. La pagó con el tipo de plástico más popular: la tarjeta de crédito. El almacén no aceptaba cheques personales. Princesita regresó a su casa vestida de plástico y puso el plástico en el sofá y no le importó el agua en la casa. Se sentó en el sofá y empezó a pescar.

2B Personalized Mini-Situation A

Read A primera vista (pp. 102–103). Read Videohistoria (pp. 104–105) and watch Buscando una ganga. Read Fondo cultural (p. 100).

Vocabulary

Me parece que es una ganga.
Place finger on lips as if to say, "Hmmm (it seems to me....)," then exclaim, "Woohoo!" because you just got a great bargain.

Escoge esta ropa que está de moda.
Run one hand quickly in the air from your head downward until the arm is straight to show that you are in style.

Se prueba esta ropa.
Mime trying on clothes.

Personalized questions and answers

1. Cuando te parece que una cosa es una ganga, ¿la compras? ¿Te parece que hay más gangas en *[popular store]* o en las liquidaciones de garaje? ¿Alguna vez compraste algo que te parecía una ganga? ¿Era una ganga en realidad?
2. ¿Escoges ropa que está de moda? ¿Por qué escoges ropa que está de moda? ¿Escoges ropa que está de moda porque crees que te hará más popular? ¿Porque tienes mucho dinero? ¿Porque tu mejor amigo(a) la tiene?
3. ¿Te pruebas ropa en la tienda o esperas hasta que regresas a casa? ¿Te gusta probarte ropa con tus amigos(as)? ¿Con tu mamá?

Personalized mini-situation

L1: (la escuela) Había una chica que nunca escogía ropa que estaba de moda. Siempre compraba ropa que le parecía una ganga. Sólo se probaba la ropa que le parecía una ganga. Un día llevaba una camisa a rayas vivas y pantalones a cuadros de colores pastel.

L2: (Hollywood) *[Famous singer]* oyó que los jóvenes de *[your school]* llevaban camisas a rayas vivas y faldas o pantalones a cuadros de colores pastel. *[Famous singer]* se compró ropa a rayas y a cuadros y llevó su ropa nueva para un concierto en la televisión. Después, era muy popular llevar ropa a rayas y a cuadros.

L3: (la tienda de descuentos) Todas las chicas de *[your school]* fueron a *[discount store]* y empezaron a comprar ropa a rayas vivas y con cuadros de colores pastel. Inmediatamente la chica se hizo muy popular porque su ropa estaba de moda.

L4: (la tienda de moda) La chica fue a *[trendy store]* y compró ropa nueva porque no le gustaba ir a la escuela vestida como sus amigas. Se probó camisas rosadas y pantalones anaranjados. Escogió ropa exagerada. No le parecía que era una ganga, pero no le importaba cuánto pagó. Solamente le importaba que era la única persona que llevaba ropa única.

Ask the story

L1: (la escuela) ¿Qué tipo de ropa le gustaba a la chica? ¿Siempre compraba ropa que **le parecía una ganga** o compraba ropa que **costaba mucho?** ○ ¿Dónde compraba ropa que **le parecía una ganga?** ¿Qué clase de ropa **escogía?** ¿Sólo **se probaba** la ropa que **le parecía una ganga** o **se probaba** ropa que costaba mucho también? ¿Qué **llevó** la chica algún día? ¿Llevó una camisa a rayas vivas? ¿Llevó pantalones a cuadros de colores pastel? ¿Cómo eran la camisa y los pantalones?

L2: (Hollywood) ¿Quién oyó que los jóvenes de *[your school]* se vestían así? ¿Oyó que llevaban faldas o pantalones a cuadros de colores pastel? ¿Qué más oyó de la escuela? ¿A *[famous singer]* **le pareció** bonita la ropa? ○ ¿Se probó la ropa nueva? ¿Dónde la llevó? ○ Luego, ¿era muy popular **escoger** ropa a rayas y a cuadros?

L3: (la tienda de descuentos) ¿Todas las chicas de *[your school]* fueron a *[discount store]* o a *[famous expensive clothing store]*? **¿Les parecía** que era buena idea comprar ropa que estaba de moda? ○ ¿La chica se hizo muy popular porque su **ropa estaba de moda?** Luego, ¿cómo se vistieron los chicos de la escuela? ¿**Fueron de moda?** A la chica, ¿**le pareció** una buena idea vestirse **de moda** como las otras?

L4: (la tienda de moda) ¿**Qué se probó** la chica? ¿**Se probó** ropa diferente? ¿Qué **escogió**? ¿**Escogió** ropa exagerada? ¿**Le parecía** ropa que era una ganga? ¿Cuánto pagó? ¿Le importaba que pagó mucho por la ropa que **escogió**? ○ ¿Le importaba que era la única persona que llevaba ropa distinta?

Hooks: Escogió ropa que estaba de moda para (Elmer Fudd / el presidente). / **Escogió** ropa interior a rayas rosadas y violetas.

2B Personalized Mini-Situation B

Read Fondo cultural (p. 109).

Vocabulary

aquellos zapatos
Point to a distant corner of the room.

Escribió el número en el zapato.
Mime writing the number 1 inside a shoe.

Escribió otra marca en el zapato.
Mime writing on the bottom of a shoe.

Personalized questions and answers

1. ¿Has probado ropa muy cara? ¿Has probado ropa con un(a) amigo(a)? ¿Qué dijiste cuando un(a) amigo(a) se probó ropa muy fea?

2. ¿El número está escrito en el zapato? ¿Quién calza el número de zapatos más grande de la clase?

3. ¿Cuál es la mejor marca de zapatos? ¿Hay otra marca que cuesta más?

Personalized mini-situation

L1: (la tienda) Había un chico que nunca estaba contento con nada. Se probaba zapatos en una tienda. No le gustaban aquellos zapatos cerca de la entrada, pero le gustaban estos zapatos que tenía en la mano. Vio que los zapatos eran número 10. Pensaba que sería mejor tener pies más grandes y un número más grande.

L2: (la caja) Fue a la caja y buscó un marcador oscuro.

L1: (la tienda) Se sentó y escribió el número 24 dentro del zapato. Luego vio que los zapatos no costaban mucho. Pensaba que los zapatos buenos costaban más.

L2: (la caja) Regresó a la caja y buscó un marcador azul claro.

L1: (la tienda) Se sentó y escribió otro precio en el zapato. Después decidió que Re-bok Choy no era una marca buena. La marca estaba escrita en rojo vivo en el zapato.

L2: (la caja) Regresó a la caja y buscó un marcador rojo vivo.

L1: (la tienda) Se sentó y escribió otra marca en el zapato.

L2: (la caja) Por fin, el chico fue a comprar los zapatos. La cajera le dijo: "Hola. Me llamo Hilda. ¿En qué puedo servirle?"
El chico le respondió: "Eres muy bonita. Quiero que tengamos una cita, pero no me gusta el nombre Hilda. Voy a llamarte Silvia".

Ask the story

L1: (la tienda) ¿Qué se probaba el chico? ¿Le gustaban **aquellos zapatos**? ¿Le gustaban estos o **aquellos**? ○ ¿Vio zapatos que eran número 10? ¿Pensaba que sería mejor tener pies más grandes y un **número** más grande? ¿Le gustaban **aquellos zapatos** cerca de la entrada? ¿Cuál era **el número** de estos zapatos? ○ ¿Al chico le parecía bien **el número**? ¿Le parecía mejor un **número** más grande?

L2: (la caja) ¿Adónde fue? ¿Fue a **aquella** caja? ○ ¿Buscó un marcador oscuro?

L1: (la tienda) **¿Qué escribió** con el marcador? ○ **¿Escribió el número** 24 dentro del zapato? **¿Qué** vio el chico después de escribir **el número**? ¿Le pareció bien el precio?

L2: (la caja) ¿Qué fue a buscar en al caja? ¿De qué color es?

L1: (la tienda) ¿Qué hizo con el marcador azul claro? ¿Qué precio escribió? ○ Luego, ¿le gustó al chico la **marca** de los zapatos? ¿Le pareció una buena **marca**?

L2: (la caja) ¿Qué buscó en la caja? ¿Buscó un marcador de color vivo u oscuro? ¿Qué **escribió** en el zapato?

L1: (la tienda) ¿Cuál fue **la marca** de los zapatos? ¿Era una **marca** buena? ¿El chico pensaba que era una **marca buena**?

L2: (la caja) ¿Qué **le dijo** la cajera él? ¿Le dijo: "Hola. Me llamo Hilda. ¿En qué puedo servirle?" ¿Le preguntó: ¿Quiere Ud. aquellos zapatos?"? ¿Le dijo: "**Aquellos** zapatos son mejores que estos que tiene Usted."? ¿A él le parecía bien el nombre de la chica?

Hooks: Escribió el número de teléfono de la cajera en un zapato. No le gustaba su número de teléfono, así que lo cambió.

Vocabulary

Gastó mucho en el mercado.
Mime handing money to someone.
¿De qué está hecho(a)?
Point at your shirt and throw your hands up as if asking a question.
Esta talla es más grande.
Open arms wide to show something is bigger.

Personalized questions and answers

1. ¿Dónde gastas mucho dinero? ¿En qué lo gastas?
2. ¿Quién tiene ropa de seda? ¿…de lana? ¿…de algodón? ¿Por qué es más cómoda la ropa de algodón?
3. A los chicos: Algunas veces, ¿llevan pantalones de talla muy grande? ¿Por qué llevas ropa de talla grande? ¿Para mostrar la ropa interior? A las chicas: ¿Por qué llevas ropa de talla pequeña? ¿Las tallas pequeñas les interesan a los chicos?

Personalized mini-situation

L1: (el mercado) *[Name of girl]* fue al mercado a buscar ropa nueva. Toda su ropa era de lana y no era muy cómoda. Pensaba gastar mucho en el mercado porque la ropa era muy cara. Buscó la talla apropiada. Encontró solamente tallas grandes. Encontró ropa bonita y le preguntó al vendedor: "¿De qué está hecha?" Cuando supo que estaba hecha de cuero, pensó que era mala idea y buscó la salida. No gastó nada.

L2: (tienda) Luego *[girl]* fue a una tienda. Aquella tienda tenía ropa hecha de seda. No le gustaba a *[girl]* porque las tallas eran muy grandes. Todas las tallas de esta tienda eran más grandes que las tallas de las tiendas normales. *[Girl]* no las compró porque era una persona más o menos pequeña.

L3: (otra tienda) *[Girl]* fue a una tienda que se llamaba *[clothing store name]*. Buscó ropa de algodón. La encontró, pero toda la ropa era rosada y no le gustó. Por fin, decidió que no quería comprar ropa y por el resto de su vida simplemente no se puso ropa.

Ask the story

L1: (el mercado) ¿**De qué estaba hecha** la ropa de la chica? ¿Era cómoda la ropa? ¿Pensaba **gastar** mucho en el **mercado?** ○ ¿Pensaba gastar mucho porque la ropa era muy cara? ¿Qué **talla** buscó? ¿Buscó **la talla apropiada?** ○ ¿Cómo eran las **tallas?** ¿Encontró solamente **tallas** grandes? ¿Encontró ropa bonita en la tienda? ¿Qué le preguntó al vendedor? ¿Le preguntó, "¿De qué está **hecha?**" Cuando aprendió que **estaba hecha** de cuero, ¿qué pensó? ¿Cuánto **gastó?**

L2: (tienda) Luego, ¿adónde fue? ¿Aquella tienda tenía ropa **hecha** de seda? ○ ¿Estaba **hecha** de tela sintética? ¿No le gustaba porque las **tallas** eran muy grandes? ¿Estas **tallas** que encontró eran normales? ¿Cómo eran las **tallas?** ¿Todas las **tallas** de esta tienda eran **grandes?** ○ ¿Las compró o no las compró?

L3: (otra tienda) ¿Adónde fue? ¿**De qué estaba hecha** la ropa en la tienda? ¿Quería **gastar dinero en una tienda?** ¿La encontró? ¿Cuál fue el problema con la ropa? ¿Estaba **hecha** de papel? ○ ¿Era rosada? Por fin, ¿qué decidió la chica? ¿No **gastó** nada? ¿Decidió que no quería **gastar** dinero en ropa? ¿Cómo se vistió por el resto de su vida? ¿Cómo se vistió por el resto de su vida si no **gastó** dinero? ¿Cómo se vistió cuando no encontró **tallas** buenas para ella?

Hooks: La chica salió a comprar calcetines, ropa interior, etc. / **Gastó** todo su dinero en una tienda de cortinas de ducha y llevó cortinas de ducha de todos los colores.

2B Extended Reading

*Read **Perspectivas del mundo hispano** (p. 120). Read **Fondos culturales** (pp. 79, 84).*

La tienda "Variedad"

Hace poco hubo una liquidación en una tienda cerca del mercado. Un letrero en la ventana anunciaba que la tienda se llamaba "Variedad". Otro letrero anunciaba que la tienda iba a cerrar y había muchas gangas adentro. Otro letrero decía que aceptaban tarjetas de crédito y cheques personales. En la tienda vendían ropa de seda, lana y cuero. No vendían telas sintéticas. Era una liquidación grande.

Toda la ropa de la tienda era de un solo color. No tenían ropa de colores pastel. En realidad, no tenían ninguna ropa de colores claros. De la entrada a la salida, solo tenían ropa morada oscura. Tenían zapatos morados. Los zapatos estaban hechos de cuero. Los suéteres estaban hechos de lana. Toda la ropa era del mismo estilo. Era ropa exagerada. El color no era vivo. Era oscuro.

Toda la ropa era de la misma talla. Toda la ropa morada era de talla mediana. Cada zapato era del mismo número. Había letreros por todas partes que decían que la ropa morada estaba de moda.

Una familia entró en la tienda. Tenían cupones de regalo. No querían gastar mucho dinero. Se probaron mucha ropa morada pero no querían ropa de un solo color. Querían escoger ropa de muchos colores vivos. Querían ropa de marcas distintas, pero solamente encontraron ropa de una marca.

La madre fue a la caja y le dijo a la cajera que no podía encontrar su marca favorita. La cajera agarró una camisa, escribió la marca adentro y le dio la camisa a la madre. "Esta camisa es de la marca que Ud. quiere", le dijo. La madre miró la camisa e inmediatamente le gustó, pero le preguntó a la cajera: "¿De qué está hecha?"

La cajera respondió: "Es de algodón". Cuando supo que era de algodón, la madre no quiso la camisa. Esa tela no era su preferida.

"¿Qué le parece esa camisa?" le preguntó la cajera, y le indicó una camisa en un estante. Era otra camisa morada, pero era de lana. A la madre no le gustó porque no le gustaba el color morado. A la madre le importaba mucha la tela, el color, el precio y la marca. La cajera insistió en que la ropa morada estaba de moda. La madre miró el letrero. Sus hijos miraron los letreros, también. En realidad, no tenían amigos que llevaran ropa morada.

El padre miró la camisa y dijo: "A mí me gusta mucho. Me parece bonita". Trató de darle dinero en efectivo a la cajera inmediatamente. Pero a la madre todavía no le gustaba el color morado. La familia compró pantalones morados con el cupón de regalo. Se probaron los pantalones. Luego todos fueron a una parranda vestidos de pantalones de cuero morado porque pensaban que estaban de moda.

Tema 3

Tú y tu comunidad

3A Cognate Reading

¡Se me olvidó!

Había un hombre muy desorganizado que se llamaba Miguel. Nunca se cepillaba los dientes porque se le olvidaba dónde había puesto el cepillo de dientes y la pasta dental. Se duchaba por las mañanas, pero casi siempre se le olvidaba usar jabón y champú. Olía mal todos los días. ¡Caramba!

Todos los días ponía una taza de café encima del coche y se subía al coche. Cada día, la taza de café se caía del coche. Un día Miguel tuvo que ir al supermercado a comprar una raqueta de tenis nueva porque no podía encontrar la suya. La había buscado varias veces por varias horas, pero no la pudo encontrar. Se le olvidó que no se venden raquetas de tenis en el supermercado.

Miguel fue al coche y, al manejar, recordó que tenía que ir a la estación de servicio porque necesitaba gasolina. Al llegar a la estación de servicio, notó que no llevaba zapatos. Notó también que no tenía su taza de café. Se le olvidó por qué estaba en la estación de servicio. Entró a comprar una taza de café. Compró una tarjeta porque recordó que era el cumpleaños de su mamá. Fue al correo con la tarjeta. Puso la tarjeta en el buzón, pero a último momento recordó que se le había olvidado poner un sello. Puso la mano adentro del buzón para rescatar la tarjeta y se rompió el brazo.

Miguel tuvo que ir en seguida al consultorio de la médica. Fue a pie, porque el coche no tenía más gasolina. Tenía que pagarle a la médica, pero no tenía mucho dinero en efectivo. Entonces tuvo que ir al banco para sacar dinero. No pudo sacar el dinero porque cuando llegó al banco, alguien abrió la puerta y le pegó a Miguel en la cara. Casi se le cayó un diente. ¡Caramba! ¡Tenía que ir al consultorio de la dentista en seguida o por lo menos a una farmacia a comprar aspirina! Cuando llegó al consultorio a la una y media de la tarde, miró el letrero que decía: "Se abre a las dos. Se cierra a las tres". Esperó hasta casi las dos y media. Por fin, la dentista llegó. La dentista trató de sacarle el resto del diente que casi se le cayó, pero no pudo. A las tres de la tarde, el consultorio se cerró. La dentista le pidió a Miguel que la esperara hasta que regresara. "¡Cómo no!" le dijo Miguel. "¡Hasta pronto!" le dijo la dentista.

Miguel esperó por unos momentos, pero pronto salió del consultorio porque se le olvidó por qué estaba allí. Al salir, se encontró con su amigo Víctor. Víctor le dio a Miguel su raqueta de tenis. Miguel la había dejado en casa de Víctor. Víctor le dijo: "Tenemos una cita para jugar al tenis hoy. ¿Se te olvidó?"

Al ver a Víctor, Miguel recordó la cita. También vio que su coche no estaba allí. No pudo ir a jugar al tenis hasta que llamó a la policía a decirles que alguien le había robado el coche y los zapatos.

3A Personalized Mini-Situation A

Read A primera vista (pp. 130–131). Read Videohistoria (pp. 132–133) and watch ¿Qué hiciste esta mañana?. Read Fondos culturales (pp. 128, 145).

Vocabulary

Envía una carta con un sello.
Pretend to check letter for a stamp and then open a mailbox and put in the letter.

Se queda en el centro.
Plant your feet to stay downtown.

Echa una carta en el correo.
Open a big mailbox at the post office and put a letter in it.

Personalized questions and answers

1. ¿Envías una carta a Italia con un sello o dos? ¿Y a Ohio? ¿Envías una carta importante desde tu casa o desde el correo? ¿Pones un sello extra cuando envías una carta importante?

2. ¿Te quedas en casa los viernes o vas al centro? ¿Conoces restaurantes buenos en el centro? ¿Cuáles?

3. ¿Siempre echas cartas en el correo? ¿Tus padres echan las cartas con cheques en el buzón o en el correo?

Personalized mini-situation

L1: (el centro) Susi tenía un novio que se llamaba *[boy's name 1]*. Los lunes él esperaba a Susi en el centro. Se quedaba en el centro esperándola. Se quedaba en el centro hasta las cinco. Un lunes, Susi no llegó. El novio se quedó esperando en el centro por horas y horas, pero ella nunca llegó.

L2: (el correo) El próximo día fue el Día de San Valentín. *[Boy 1]* caminó al correo y compró un sello. Echó una carta de amor en el correo. Envió la carta a Susi con un sello. Se quedó en el correo esperando una carta de amor de Susi.

L3: (la casa de Susi) El segundo novio de Susi se quedó afuera de su casa esperándola a ella. Se llamaba *[boy's name 2]*. Tenía una carta de amor para Susi. No compró un sello. No echó la carta al correo. No envió la carta al correo con un sello. Caminó a la casa de Susi con la carta de amor especial para ella. Mientras se quedaba esperando, la carta del novio de Susi llegó. El segundo novio vio la carta. Había un problema. La carta de *[boy 1]* era grande. Era más grande que la carta de *[boy 2]*. ¡Pobre *[boy 2]*!

Ask the story

L1: (el centro) ¿Cómo se llamaba la muchacha? ¿Tenía uno o más novios? ¿Cómo se llamaba(n)? ¿Un novio se quedaba en el centro con ella o se quedaba en el centro esperándola a ella? ○ ¿Se quedaba en el centro hasta las cinco o hasta las seis? ○ ¿Se quedaba en el centro esperándola a ella todos los lunes o todos los sábados? ○ ¿Un lunes se quedó por horas y horas? ○ ¿Se quedó por toda la noche? ○ ¿Qué hizo? ¿Llamó a Susi por teléfono?

L2: (el correo) ¿Adónde fue *[boy 1]* el próximo día? ¿Fue al correo? ¿Qué día fue, el Día de San Valentín o el Día de la Raza? ¿Qué compró en el correo? ¿Compró chocolate o un sello? ○ ¿Echó una carta al correo? ○ ¿A quién echó una carta? ○ ¿Echó una carta a Susi o echó una carta al otro novio de Susi? ○ ¿Envió una carta de amor o envió una carta electrónica? ¿Por qué envió una carta en lugar de llamarla por teléfono?

L3: (la casa de Susi) ¿Quién se quedó afuera de la casa de Susi? ¿*[Boy 1]* u otro novio? ¿Con qué se quedó? ○ ¿Se quedó con una carta romántica para Susi? ○ ¿Echó la carta al correo? ○ ¿Envió la carta al correo con un sello? ○ ¿Caminó a la casa con la carta? Mientras se quedaba esperándola a ella, ¿qué llegó? ¿Llegó la carta del otro novio? ¿Cómo era la carta que llegó? ¿*[Boy 2]* echó una carta para *[boy 1]* al correo? ○ ¿Le envió una carta a Susi? ¿Le gritó a Susi?

Hooks: El segundo novio agarró la carta de *[boy 1]* y se la devolvió. / Susi tenía tres novios.

3A Personalized Mini-Situation B

Read Fondo cultural (p. 135).

Vocabulary

el equipo deportivo
Name teams, i.e., Los Cowboys.

cuida a
Mimic rocking a baby in your arms.

todavía
Raise both hands, shaking your head with a surprised look.

Personalized questions and answers

1. ¿Juegas con un equipo deportivo? ¿Qué deporte juegas? ¿Cuántas personas están en el equipo?

2. ¿Cuidas tus juguetes? ¿Cuidas a tus hermanitos? ¿Cuidas a tus hermanitos todos los días?

3. ¿Todavía duermes con una manta? ¿Todavía duermes con el pulgar en la boca? ¿Tu papá todavía te cepilla los dientes? ¿Todavía necesitas una lucecita cuando duermes?

Personalized mini-situation

L1: (Guanajuato) Una chica cuidaba a 11 niños maleducados. Cuidó a los niños horas y horas y no se dormían. No podían dormir. Cuidó a los chicos todo un día y toda una noche y todavía no dormían. Un niño jugó con una pelota por toda la noche. Una niña pasó toda la noche saltando en la cama.

L2: (el palacio de correos) Por la mañana la chica tuvo una idea. Caminó con todos los niños al palacio de correos en la ciudad de México. Caminaron y caminaron y caminaron horas y horas, pero los niños todavía no tenían sueño.

L3: (el parque) La chica tuvo otra idea. Fue con los niños a un parque. Tenía suficientes niños para formar un equipo deportivo. La chica y los niños jugaron al fútbol en el parque contra otros equipos de fútbol. Todavía no tenían sueño. Jugaron días y días y todavía no tenían sueño. Por fin, no podían jugar más. Todo el equipo deportivo se durmió en medio del partido. La chica que los cuidaba por fin se sintió feliz.

Ask the story

L1: (Guanajuato) Había una chica que **cuidaba** a niños. ○ ¿Dónde **los cuidaba**? (Guanajuato) ¿A cuántos niños **cuidaba**? ¿Cómo **eran** los niños? ¿Eran maleducados? ¿Los niños maleducados se dormían mientras ella **los cuidaba**? ¿Por cuántas horas **cuidaba** a los niños maleducados todos los días? ○ ¿Los niños maleducados nunca se dormían? ¿Por la mañana **todavía** no podían dormir? ¿Qué hacían los niños maleducados? ¿Jugaban con pelotas? ¿Pasaban toda la noche saltando en la cama? ¿**Todavía** estaban saltando por la mañana? ○

L2: (el palacio de correos) ¿La chica que **cuidaba** a los niños maleducados tuvo una idea? ¿Cuál fue? ¿Caminó con los niños al centro o a la piscina? No. Caminaron al palacio de **correos** en la ciudad de México. (Es obvio.) ¿Por cuánto tiempo caminaron? Al llegar, ¿**todavía** no tenían sueño? ○

L3: (el parque) ¿Tuvo otra idea? ¿Adónde fue con los niños? ¿Fueron al parque o fueron a la iglesia? ¿Tenía suficientes niños para formar un **equipo deportivo**? ¿Qué tipo de **equipo deportivo**? ○ ¿Cuántos niños había en el **equipo deportivo**? ○ ¿Jugaron al fútbol contra otros **equipos de** fútbol? ○ ¿**Todavía** no tenían sueño? ○ ¿Por cuánto tiempo jugaron antes de que tuvieran sueño? Cuando por fin no podían jugar más, ¿dónde se durmieron los niños? ¿Se durmieron en medio del partido? ¿Todo el **equipo deportivo** se durmió? ¿La chica **los cuidó** en el parque mientras dormían? ¿La chica se durmió también? ¿La chica que los **cuidaba** se sintió feliz por fin? ¿**Todavía** se siente feliz? ○ ¿**Todavía** están durmiendo? ○

Hooks: Se durmieron con los pulgares en la boca o con mantas. / Los niños eran hermanitos de la chica. / Jugaron contra *[famous soccer player]*.

3A Personalized Mini-Situation C

Vocabulary

Devuelve el libro.
Pretend to be reading a book, and then return it to someone.

Cierra el libro.
Mime closing a book.

En seguida, cobra un cheque.
Pretend to sign a check, hand it to your neighbor with your left hand, and take the cash with your right.

Personalized questions and answers

1. ¿Devuelves los libros a tiempo a la biblioteca? ¿A veces los devuelves tarde?

2. Cuando recibes un cheque, ¿lo cobras en seguida o esperas un poco?

3. Si recibieras un cheque de tres millones de dólares, ¿lo cobrarías en seguida o esperarías?

Personalized mini-situation

L1: (la biblioteca) Una chica fue a la biblioteca a devolver un libro. Cuando llegó a la biblioteca, le devolvió el libro al hombre que trabajaba en la biblioteca. La chica decidió que quería buscar otro libro para leer. Sacó un libro que le parecía muy interesante.

L2: (afuera de la biblioteca) Cuando la chica salió de la biblioteca, notó un papel entre las páginas del libro. En seguida, agarró el papel y lo miró. No era tan sólo un papel, sino que ¡era un cheque! Era un cheque de cien millones de dólares. La chica cerró el libro. No devolvió el cheque a la biblioteca. Tampoco devolvió el libro a la biblioteca.

L3: (el banco) La chica fue al banco en seguida y cobró el cheque. Después de cobrar el cheque puso el dinero en su bolsa y la cerró con mucho cuidado.

L4: (la biblioteca) En seguida, ella regresó a la biblioteca a sacar más libros.

Ask the story

L1: (la biblioteca) Había una chica que tenía un libro. ¿Adónde <u>fue</u> con el libro? ¿Fue a su casa o a la <u>biblioteca</u>? ¿Fue a la biblioteca a <u>devolver</u> un libro o a <u>sacar</u> un libro? ○ ¿<u>Abrió</u> la puerta de la biblioteca? ¿<u>Cerró</u> la puerta de la biblioteca? ○ ¿<u>Devolvió</u> el libro? ¿<u>Devolvió</u> un libro y <u>sacó</u> otro? ○ ¿Cómo se llamaba el libro que <u>devolvió</u>? ○ ¿<u>Sacó</u> un libro que le parecía interesante?

L2: (afuera de la biblioteca) Abrió el libro y, ¿qué notó? <u>En seguida,</u> ¿notó un papel en el libro? ¿Notó un cheque o notó dinero en efectivo en el libro? ○ ¿Notó un cheque por cuánto dinero? ¿Agarró el papel **en seguida** o **cerró** el libro **en seguida**? ○ ¿Miró el cheque y **lo devolvió en seguida**? ○ ¿**Devolvió** el libro a la biblioteca? ¿**Tampoco devolvió** el cheque?

L3: (el banco) ¿Adónde fue la chica? ¿Regresó a la biblioteca o fue al **banco**? ¿Cómo fue al **banco**? ¿**Cobró el cheque**? ○ ¿A qué hora **cobró el cheque**? ○ ¿A qué hora **se abría el banco**? ¿A qué hora **se cerraba** el **banco**? ○ ¿Cómo **cobró el cheque**? ○ ¿Qué nombre estaba en el cheque que **cobró**? ¿Su nombre? ¿Dónde **puso** el dinero? ¿Puso el dinero en la bolsa y **la cerró** con mucho cuidado? ○ ¿Puso el dinero en el zapato? ¿Cómo caminó después de **cobrar el cheque**? ○

L4: (la biblioteca) **En seguida,** ¿adónde regresó? ¿Regresó a su casa o regresó a la biblioteca? ¿Por qué regresó a la biblioteca **en seguida**? ¿Regresó a **sacar** más libros? ¿Regresó a **buscar** más cheques?

Hooks: Con todo el dinero, fue a una librería a comprar más libros. / No encontró más cheques, pero sí encontró cartas de amor, tarjetas postales, llaves para coches, cepillos de dientes, etc.

3A Extended Reading

*Read **Fondo cultural** (p. 137).*

La vida sin crema de afeitar

Preciosa y Cacahuate fueron a la ciudad. Fueron a pie a una estación de servicio. Vieron a un hombre que llenaba el tanque con gasolina y le preguntaron: "¿Sabe Ud. si hay una farmacia por aquí?" El hombre llevaba pantalones cortos y tenía una raqueta de tenis. No les respondió. No tenía tiempo.

Preciosa tenía varias cartas y tarjetas y quería echarlas en el buzón mientras estaban en el centro. Puso sellos en las cartas y las tarjetas, pero Cacahuate le dijo que podían entrar en el correo y preguntarle a alguien dónde podían encontrar una farmacia. Por eso, Preciosa y Cacahuate fueron a pie al correo y Preciosa envió sus cartas y tarjetas. Le preguntaron a un hombre dónde podían encontrar una farmacia, pero él les dijo: "Se me olvidó".

Se quedaron en el centro y fueron a la biblioteca. Todavía no encontraron la farmacia. No sacaron libros. Miraron un mapa. Querían sacar el mapa de la biblioteca, pero solamente lo miraron. No sacaron el mapa porque no tenían tarjeta para sacar libros de la biblioteca. Pronto encontraron una farmacia en el mapa. Devolvieron el mapa al bibliotecario y fueron a pie.

Esperaron unos momentos delante de la farmacia porque faltaban diez minutos para que la farmacia se abriera. Cuando se abrió, entraron y buscaron la crema de afeitar enseguida. La farmacia era más grande que un supermercado. Encontraron pasta dental, champú, cepillos de dientes y jabón. Encontraron palos de golf, pelotas y patines, pero no encontraron crema de afeitar. Preguntaron a la dependienta dónde estaba la crema de afeitar, pero ella no los escuchaba. De pronto, la farmacia se cerró. Los empleados empujaron a Cacahuate y a Preciosa y cerraron las puertas de la farmacia. Las cerraron tan rápido que golpearon a Cacahuate en el pie. Cacahuate y Preciosa tuvieron que ir al consultorio de un médico.

Preciosa y Cacahuate no querían quedarse en el centro. Al día siguiente decidieron ir a un pueblo pequeño porque a ellos no les gustaban las ciudades. Fueron al banco. Esperaron mucho tiempo porque había mucha gente allí. Esperaron hasta las tres de la tarde y cobraron un cheque grande. Sacaron todo su dinero del banco y pronto llegaron al aeropuerto. A las seis de la tarde salieron para un pueblito en Guatemala.

Caminando por las calles, vieron un equipo deportivo jugando con pelotas. Vieron a una mamá cuidando a muchos niños. Les gustaba mucho más la vida en ese pueblo pequeño. Le preguntaron a una chica si les podía decir dónde estaba la farmacia. "¡Cómo no!" les respondió. La farmacia estaba a casi 30 millas en otro pueblo. Les dijo que había un dentista que venía los martes y que en el pueblo tenían una panadería muy buena y una iglesia histórica, pero no había farmacia. Nadie en el pueblito vendía crema de afeitar. "Muchas gracias", le dijeron a la chica. "De nada. ¡Hasta pronto!" respondió.

¡Caramba! Como no tenían crema de afeitar en el pueblo, Preciosa y Cacahuate no pudieron afeitarse. Decidieron que nunca jamás iban a afeitarse.

3B Cognate Reading

Read Perspectivas del mundo hispano (p. 176). Read Fondo cultural (p. 172).

Una aventura en la calle

Había una chica que estaba manejando por la carretera. No le gustaba la carretera porque había muchos camiones y mucho tráfico. Tenía un problema. Era una conductora muy baja. Era tan baja que no podía ver muy bien mientras estaba manejando. Para ella era muy complicado manejar. Salió de la carretera y entró en el centro.

Tenía otro problema también. Tenía que regresar a su casa antes de las tres de la tarde, porque su familia iba a regresar a casa a las tres. Ahora la chica estaba en la avenida Veracruz y todavía había mucho tráfico. A la chica no le gustaban tampoco las calles del centro porque eran muy estrechas. La chica tenía mucha prisa. Tenía que regresar a casa. Tenía que llegar muy pronto. Era muy importante. Tenía aproximadamente diez minutos para llegar a casa.

La chica no paró en una señal de parada porque no la vio desde su asiento. Siguió derecho una cuadra más y vio que, por fin, estaba en su propio barrio, cerca de su casa. Estaba cerca de la plaza cuando tuvo que parar en un semáforo. Paró y esperó aproximadamente 30 segundos. Desde su asiento no podía ver mucho, pero pensó que unos peatones estaban esperando en la esquina.

La chica tenía mucha prisa. Decidió seguir aunque no podía ver bien. Estaba siguiendo lentamente hasta el cruce de calles cuando de pronto vio que los peatones ahora estaban caminando en la calle. Ya no estaban en la esquina. ¡No quería matarlos! Por eso, dobló rápidamente a la derecha para salir del cruce de calles. Siguió manejando, cruzó el puente y entró en la plaza. En este momento, perdió complemente el control del coche. Pasó por la plaza. Unos pájaros estaban durmiendo en los brazos de una estatua en la plaza, pero cuando el coche de la chica chocó con la estatua, se fueron volando. El coche siguió hasta la fuente y paró en el medio de la fuente.

Después de unos momentos un policía que estaba leyendo en el parque vio el accidente y caminó despacio al coche de la chica. Ella estaba sentada en el asiento de su coche, completamente mojada. El policía le dijo, "Dame tu permiso de manejar".

La chica no se lo dio.

"¡Hazlo ya!" le dijo el policía.

La chica no se lo dio. No lo tenía. La chica sabía que tenía que hacer lo que decía el policía, pero no quería admitir que no tenía permiso de manejar. Tampoco quería admitir que solamente tenía 12 años. Tampoco quería admitir que tenía prisa porque tenía que regresar a casa con el coche antes de que regresara su madre. Ella decidió que de hoy en adelante iba a viajar en el metro.

3B Personalized Mini-Situation A

Read A primera vista (pp. 158–159). Read Videohistoria (pp. 160–161) and watch ¿Cómo llegamos a la plaza? Read Fondos culturales (p. 156, 165).

Vocabulary

Me estás poniendo nervioso.
Tremble because someone is making you nervous.

¡Ten cuidado! Es peligroso.
Put your hand out as if to signal, "Stop!"

Pone una multa.
Mime a police officer writing someone a ticket.

Personalized questions and answers

1. ¿Quién te pone nervioso? ¿Qué dices cuando alguien te está poniendo nervioso? ¿Qué haces?
2. ¿Tienes cuidado cuando haces algo peligroso, o casi nunca tienes cuidado? Cuéntame sobre una vez que tu madre o padre te haya dicho: "¡Ten cuidado! ¡Es peligroso!"
3. Cuando un policía te está poniendo una multa, ¿qué dices? ¿Cuántas veces te ha puesto la policía una multa a ti o se la ha puesto a alguien en tu familia?

Personalized mini-situation

L1: (cerca de la casa) Un chico que se llamaba *[boy's name]* quería su permiso de manejar. Más que nada quería manejar. Practicaba todos los días cerca de su casa. El problema era que sus padres siempre le gritaban cuando estaba practicando. Sus padres siempre le decían: "¡Ten cuidado! Es peligroso." Sus padres estaban gritando aunque no había otros coches en la calle.

L2: (la Plaza Mayor) Un día querían ir a la Plaza Mayor. Durante todo el viaje sus padres estaban repitiendo: "¡Ten cuidado! ¡Hazlo así! ¡Es peligroso!" Ellos lo estaban poniendo tan nervioso que chocó con una señal de parada. Sus padres estaban gritándole. Un policía le puso una multa.

L3: (la tienda de bicicletas) *[Boy]* decidió que no quería tener permiso de manejar. No quería multas. No quería que sus padres siempre le gritaran.

Ask the story

L1: (cerca de la casa) ¿Cómo se llamaba el chico que quería su permiso de manejar? ¿Practicaba? ¿Quién le gritaba mientras practicaba? (sus padres) ¿Qué le decían? Le decían: ¿"¡Ten cuidado, mi jo!"? ○ ¿Le decían: "¡Es peligroso!"? ○ ¿Cómo le decían, "Es peligroso"? ○ ¿Gritando? ¿Le decían: "¡Hay mucho tráfico!"? ¿Sus padres estaban poniéndolo muy nervioso? ○ ¿Cómo?

L2: (la Plaza Mayor) ¿Adónde quería ir el chico mientras estaba practicando? ¿Quería ir a la Plaza Mayor? ¿Qué estaban repitiendo sus padres mientras manejaba? ○ **(Me estás poniendo nervioso. ¡Ten cuidado! Es peligroso.)** ¿Sus padres estaban repitiendo: "**¡Ten cuidado!** ¡Hazlo así!"? ○ ¿Ellos lo estaban poniendo nervioso? ○ ¿El chico los estaba poniendo nervioso a sus padres? ¿Quién se puso nervioso? ○ **Lo estaban poniendo tan nervioso** que chocó con una señal de parada o chocó con un policía? ¿Chocó con una señal de parada porque sus padres estaban gritándole: "**¡Me estás poniendo nervioso!**"? ¿Qué hizo el policía cuando el chico chocó con una señal de parada? ¿Quién **le puso una multa**? ○ ¿A quién **le puso una multa**? ¿Cuánto dinero cobró por la **multa** que le puso? ¿Dónde le **puso una multa**? ¿A qué hora **le puso una multa**? ○ ¿Qué le dijo mientras **le ponía la multa**? ○

L3: (la tienda de bicicletas) ¿Qué decidió el chico? ¿Decidió que no quería tener permiso de manejar? ¿Decidió que no quería **multas**? ¿Decidió que no quería que sus padres le gritaran? ¿Adónde fue? ¿Fue a una tienda de bicicletas o a una tienda de elefantes? ¿Qué compró? ¿Montó un elefante y gritó: "**¡Ten cuidado!**"? ¿Compró una bicicleta o una triciclo?

Hooks: Montó un león feroz y le gritó: "¡Sé amable!" / El policía le **puso una multa** por tener un león en la ciudad. / El policía le **puso una multa** porque no compró el triciclo sino que se lo robó a una niñita.

Vocabulary

¡Basta ya de esto!
Cross one hand over the other at the wrist and uncross.

quita
Take something off your desk.

deja
Open closed fist, leaving something on your desk.

Personalized questions and answers

1. ¿Cuándo dices: "¡Basta ya de esto!"? ¿Tus padres te dijeron: "¡Basta ya de esto!"? ¿Cuándo?
2. ¿Por qué le quita un padre el permiso de manejar a su hijo? ¿Tus padres te quitan algo cuando sacas malas notas? ¿Cuándo no los escuchas?
3. ¿Dejas tus cosas por todas partes? ¿Tu mamá te grita cuando dejas libros en la mesa? ¿Cuando los dejas en el baño? ¿Cuando dejas la ropa en el suelo? ¿Cuando la dejas en la cocina?

Personalized mini-situation

L1: (el pupitre de la chica) Había una chica en la clase de español que se llamaba [*name of girl in class*]. Ella tenía un admirador. Todos los días el admirador anónimo dejaba regalos en su pupitre. Estaba poniendo flores y dulces y poemas en el pupitre de la chica todos los días. El chico anónimo la miraba románticamente, pero nunca le habló.

L2: (el pupitre del chico número 2) Pero había un problema. La chica también admiraba a alguien. Él se llamaba [*boy's name*]. Por eso, un día quitó los regalos de su pupitre, caminó al pupitre de [*boy*] y los dejó en el pupitre de [*boy*]. Después corrió rápidamente a su propio pupitre y lo miró románticamente. Era guapísimo. Tenía dos dientes.

L3: (el pupitre del chico número 1) [*Boy*] olió las flores y se comió los dulces. El otro chico estaba muy enojado porque vio que [*boy*] estaba leyendo sus poemas. Vio a [*boy*] comiéndose sus dulces y le gritó: "¡Basta ya de esto! ¡Sé amable! No debes robarte los regalos de mi novia. ¡Vete!" El chico anónimo le quitó los regalos y poemas del pupitre. Ya que la chica no lo amaba, el chico se lo comió todo.

Ask the story

L1: (el pupitre de la chica) ¿Quién tenía un admirador? ¿Qué hacía el admirador? ¿Era un admirador anónimo? ¿Qué <u>dejaba</u> el admirador anónimo en el pupitre de la chica? ¿**Dejaba** regalos? ○ ¿Qué tipo de regalo? ¿**Estaba dejando** flores? ¿**Estaba dejando** dulces? ¿**Estaba dejando** poemas en el pupitre de la chica? ○ ¿Cuándo **dejaba** regalos? ○ ¿**Dejaba** regalos todos los días o solamente los viernes? ¿El chico anónimo <u>la estaba mirando</u>? ¿Cómo la estaba mirando? ¿La estaba mirando románticamente? ¿Le habló a la chica o nunca le habló?

L2: (el pupitre del chico número 2) ¿La chica también admiraba a <u>alguien</u>? ¿A quién admiraba? Un día, ¿**quitó** <u>los regalos de su pupitre</u>? ○ ¿Caminó al pupitre de [*boy*]? ¿**Dejó** los regalos en el pupitre de [*boy*]? ○ ¿Qué **dejó** en el pupitre de [*boy*]? ○ ¿**Dejó** poemas? ¿**Dejó** flores? ¿**Dejó** dulces? ¿Después corrió a su propio pupitre? ¿Cómo corrió? ¿Rápidamente? ¿Adónde corrió? ¿<u>Miró a [*boy*]</u>? ¿Cómo? ¿Románticamente? ¿Era guapísimo? ¿Tenía dos dientes o tres dientes?

L3: (el pupitre del chico número 1) ¿[*Boy*] <u>olió</u> las flores? ¿<u>Se comió los dulces</u>? ¿El otro chico estaba muy enojado? ¿Por qué? ¿Vio que [*boy*] estaba leyendo sus poemas? ○ ¿Vio a [*boy*] comiéndose sus dulces? ¿Qué hizo? ¿Le gritó: "**Basta ya de esto**! ¡Sé amable! y ¡Vete!"? ¿O le gritó: "Aaaaahhhhhhh!"? ¿El chico anónimo le **quitó** los regalos a [*boy*]? ○ ¿Le **quitó** los poemas del pupitre? ○ ¿Cómo se los **quitó**? ○ Ya que la chica no lo amaba, ¿qué hizo el chico? ¿<u>Se comió todos los dulces</u>?

Hooks: El chico se comió todo, hasta el poema. / El maestro le quitó el poema y lo leyó a la clase.

3B Personalized Mini-Situation C

Vocabulary

Queda lejos.
Point to an object far away in the room.

Déjame en paz.
Mime shooing a fly.

Estaba seguro(a).
Firmly nod your head "yes."

Personalized questions and answers

1. En tu casa, ¿dónde queda tu habitación? ¿Queda cerca de la cocina? ¿Queda cerca de las otras habitaciones? ¿Te gustaría una habitación que quedara más lejos de las otras habitaciones?

2. ¿Cuándo dices: "Déjame en paz"? ¿A quién le dices: "Déjame en paz"? ¿Por qué se lo dices a tu hermanito(a)?

3. ¿Estás seguro(a) de que vas a sacar una *A* en la clase de español? ¿De qué no estás seguro(a)? ¿De qué estás seguro(a)? ¿Cómo puedes estar seguro(a) de [*previous answer*]?

Personalized mini-situation

L1: (la sala) Había una niña que estaba esperando en la sala de su casa. Estaba esperando porque era el 5 de enero. Estaba segura de que los tres Reyes Magos vendrían porque los tres Reyes Magos vendrían pronto. No quería ir a dormir en su habitación porque su habitación quedaba lejos de la sala. Desde su habitación no podría oír llegar a los Reyes Magos. La niña esperó toda la noche. Su mamá le dijo que tenía que irse a la cama, pero la niña respondió: "Déjame en paz". La niña siguió esperando en la sala. Estaba segura de que vendrían los Reyes Magos antes de la mañana. Estaba segura de que iba a verlos.

L2: (la habitación) Por la mañana la niña se despertó en su cama. Sus padres la habían llevado a la cama mientras se quedaba dormida. La niña se enojó. Su mamá trató de abrazarla...

L1: (la sala) ...pero la niña regresó a la sala y le dijo otra vez a su mamá: "Déjame en paz. Mi habitación queda demasiado lejos de la sala. Espero aquí hasta que vengan. Estoy segura de que voy a verlos". Esperó todo el día porque estaba segura de que vendrían. La niña esperó en la sala todo el día del 6 de enero, pero los reyes no vinieron. Por la noche, no se durmió.

L2: (la habitación) Por la mañana la niña entró en su habitación y vio que había regalos en sus zapatos, debajo de su cama. No oyó llegar los Reyes Magos porque la sala quedaba demasiado lejos de su habitación. Ella decidió esperar 364 días en su habitación. Estaba segura que este año iba a ver a los tres Reyes Magos.

Ask the story

L1: (la sala) ¿Una niña estaba esperando en la sala o en el jardín? ○ ¿Era el 4 del enero? ¿**Estaba segura** de que quién vendría pronto? ¿**Estaba segura** de que los Tres Reyes Magos vendrían pronto? ○ ¿Por qué <u>no</u> quería dormir en su habitación? ¿Porque su habitación **quedaba lejos** de la sala? ○ ¿Por cuánto tiempo esperó? ¿Su mamá <u>le dijo</u>, "Vete a la cama"? ¿La niña respondió: "**Déjame en paz**" o "Sí, Mami"? ○ ¿Quién respondió: "**Déjame en paz**"? ○ ¿**Estaba segura** de que vendrían los Reyes Magos a la sala? ¿**Estaba segura** de que iba a verlos? ○

L2: (la habitación) ¿Dónde se despertó la niña por la mañana? ¿Sus padres <u>la habían llevado</u> a la cama o los Reyes Magos la habían llevado? ¿La niña **se enojó**? ○

L1: (la sala) ¿La niña <u>regresó</u> a la sala? ¿Qué le dijo a su mamá? ¿Le dijo: "**Déjame en paz**" o "Mi habitación **queda demasiado lejos** de la sala"? ○ ¿**Estaba segura** de que iba a ver a los Reyes Magos? ○ ¿Esperó todo el día porque **estaba segura** de que vendrían? ○ ¿La niña esperó en la sala todo el día? ¿Los reyes <u>vinieron</u>? ¿La niña <u>se durmió</u>? ¿Se quedó en la sala toda la noche? ○

L2: (la habitación) ¿Por la mañana la niña entró en su habitación? ¿Qué <u>vio</u>? ¿Vio que había regalos en sus zapatos? ¿La sala **quedaba** demasiado **lejos** de su habitación para <u>oír</u> a los Reyes? ○ ¿Qué decidió la niña? ¿Decidió quedarse 364 días en su habitación? ○ ¿**Estaba segura de que** <u>este año</u> iba a ver a los tres Reyes Magos? ○

Hooks: Los tres Reyes Magos se llaman.... / Los tres Reyes Magos se quedaron en la casa de la niña. Uno de los reyes le dijo a la niña: "**Déjame en paz**".

3B Extended Reading

*Read **Fondos culturales** (pp. 169, 175). Read ¡Adelante! Lectura (pp. 174–175).*

Manejando con Desi

Había una muchacha que se llamaba Desi. Acababa de obtener su permiso de manejar. Quería ser buena conductora. Estaba segura de que iba a ser la mejor conductora de todos sus amigos. Tenía que practicar, pero cuando manejaba con su padre, se ponía nerviosa. Nunca manejaba con su madre, porque su madre pensaba que manejar era demasiado peligroso. La madre siempre se quedaba en casa mientras Desi estaba aprendiendo a manejar. Le decía: "Ten cuidado. Sé buena", pero no salía a manejar con ella. La madre no quería que Desi manejara.

Desi siempre manejaba muy despacio desde su casa, aun cuando manejaba en la carretera Panamericana, pero su padre siempre le gritaba: "¡Ten cuidado con los peatones!", "¡Párate en el semáforo!" y "¡Hazlo ya!"

Desi siguió manejando con su padre. Un día manejaba por una avenida estrecha. Siguió derecho por una cuadra con cuidado, y pasó por un puente ancho, pero tenía prisa y su padre le estaba diciendo: "¡Deja de manejar tan rápido! ¡Vete a la derecha!" El padre le estaba diciendo que era muy complicado manejar cuando, de repente, Desi vio a un policía detrás del coche. El policía le puso una multa a Desi porque estaba manejando muy mal.

Después de unos momentos, Desi estaba siguiendo con cuidado hasta el próximo cruce de calles, pero estaba mirando al policía que todavía estaba detrás de ella y no vio el semáforo. El policía vino otra vez. Ella se puso muy nerviosa mientras él estaba pidiéndole su permiso de manejar. Estaba tan nerviosa que no se dio cuenta de que él estaba repitiendo: "¡Deme su permiso, señorita!" El policía le puso otra multa.

Manejando otra vez, Desi pasó cerca de un grupo de peatones. Dobló a la izquierda, pero no paró en la señal de parada. El policía le puso otra multa.

Desi estaba segura de que sus padres le iban a quitar el coche y el permiso de manejar. Por fin, le gritó a su padre: "¡Basta ya de esto! ¡Me estás poniendo nerviosa! ¡Déjame en paz!" Decidió que no quería manejar. No quería recibir más multas. Sólo iba a viajar en metro.

Decidió salir de la casa. Tenía prisa porque quería escaparse de sus padres locos. Corrió al metro que quedaba cerca de su casa. Había mucho tráfico y no quería esperar en la esquina. Cruzó el cruce de calles. No miró a la derecha ni a la izquierda. Un camión casi chocó con ella. Una plaza quedaba cerca de la estación de metro. Mientras pasaba por la plaza, Desi se quitó los zapatos y puso los pies en la fuente. Mientras estaba poniéndose los zapatos otra vez, el policía la vio y le puso una multa por cruzar la calle sin parar en la señal. Le puso otra multa por caminar en la fuente. Le puso otra multa porque estaba vistiéndose en un parque público.

Tema 4

Recuerdos del pasado

4A Cognate Reading

Read **La cultura en vivo** *(p. 204). Read* **Fondo cultural** *(p. 200).*

La educación de Burbuja

Burbuja era una niña muy desobediente que vivía en una casa muy grande en Beverly Hills, California. Para su cuarto cumpleaños, a Burbuja le regalaron un tren eléctrico, un robot muy grande e inteligente y un triciclo rosado. Pero nunca jugaba con sus juguetes. Nunca montaba en triciclo. Cada sábado iba a una tienda de juguetes a comprar más. Por lo general compraba bloques y pistolas de agua. Coleccionaba pistolas de agua. Tenía una colección muy grande de bloques, también. Miraba por la ventana a los niños saltando a la cuerda en la calle y montando en triciclos. A Burbuja le gustaba mojar a los niños con las pistolas de agua. Los niños que jugaban en la calle le gritaban, pero Burbuja continuaba mojándolos con agua hasta que los niños estaban completamente mojados. También les tiraba los bloques y los niños lloraban.

Los padres de Burbuja no le permitían ser desobediente, pero Burbuja no los obedecía. Los lunes iba a la guardería infantil, pero no jugaba con los otros estudiantes en el patio de recreo. Les robaba las muñecas a las chicas y molestaba a las tortugas y peces en la sala de clases. La profesora le gritaba, pero por lo general, Burbuja la desobedecía también. Los demás niños no permitían que ella jugara con ellos. No tenía ni un amigo en el mundo.

Un día, los padres de Burbuja decidieron ir a México con Burbuja para el cumpleaños de un primo. Fueron en avión y después de llegar, fueron a un hotel pequeño. Burbuja miró por la ventana y vio a unos niños saltando a la cuerda en la calle. No vio triciclos. No vio robots. No vio juguetes. Caminó a la plaza con sus padres y vio que los niños no jugaban como los niños de Beverly Hills. Una niña tímida que se llamaba Rosalinda la invitó a saltar a la cuerda. Burbuja saltó a la cuerda con los niños todo el día. Los niños también le enseñaron varias canciones infantiles.

Después, Burbuja y sus padres fueron a la fiesta de cumpleaños del primo de Burbuja, que se llamaba Arnel. La familia de Burbuja le regaló a Arnel un dinosaurio de peluche, pero él no lo abrió durante la fiesta. Arnel tenía una piñata —un animal de papel— y todos los niños trataron de romper la piñata con un palo. Cuando la rompieron, dulces y monedas cayeron por todas partes y Burbuja corrió con los otros niños a agarrarlos. Cuando la fiesta terminó, Arnel les dio regalos a todos los niños. Burbuja recibió un regalo muy bonito. Arnel era muy generoso.

Cuando Burbuja regresó a Beverly Hills decidió que para su próximo cumpleaños quería darles regalos a todos los niños. Quería ser generosa. También decidió ser obediente porque quería tener amigos en Beverly Hills como los amigos que tenía en México. El próximo año en su fiesta de cumpleaños, Burbuja les ofreció a todos los niños una pistola de agua pequeña de su colección grande y un oso de peluche. Ahora Burbuja tiene muchos amigos y siempre está mojada.

4A Personalized Mini-Situation A

Read A primera vista (pp. 186–187). Read Videohistoria (pp. 188–189) and watch ¿Cómo era de niña? Read Fondo cultural (p. 184).

Vocabulary

mal educado(a)
Gesture pulling someone's hair.
Se peleaban de vez en cuando.
Hold up both fists; one fist fights with the other.
Se portaban bien.
Gesture a halo above your head with your finger.

Personalized questions and answers

1. ¿La reina de Inglaterra es mal educada o bien educada? ¿Cómo se porta una persona mal educada?

2. ¿Se pelean de vez en cuando tú y tus hermanos? ¿Por qué se pelean de vez en cuando los hermanos? ¿A veces te peleas con tus padres?

3. ¿Te portas bien o mal cuando hablas con el director de la escuela? ¿Cuándo te portas mal?

Personalized mini-situation

L1: (la sala) *[Student name]* tenía dos pájaros mal educados que vivían en su casa. Gritaban y se portaban mal. También se peleaban de vez en cuando. Era un gran problema en la casa porque *[student]* siempre se portaba bien. Era bien educado. No quería vivir con pájaros que ponían los codos en la mesa cuando comían. Un día los pájaros se pelearon otra vez.
L2: (la cocina) *[Student]* agarró los dos pájaros y los metió en el refrigerador por doce segundos. Después de unos segundos *[student]* abrió el refrigerador y vio dos pájaros que se portaban bien. Un pájaro le dijo a *[student]*: "Lo siento. Por favor, dime qué cosa mala hizo el pollo."

Ask the story

L1: (la sala) ¿Quién tenía pájaros **mal educados**? ¿Cuántos pájaros **mal educados** tenía? ○ ¿Dónde vivían los pájaros **mal educados**? ○ ¿Qué <u>hacían</u> los pájaros **mal educados**? ○ ¿Cómo **se portaban**? **¿Se portaban** bien o **se portaban** mal? ○ ¿Cómo **se portaban** mal? ¿Gritaban? **¿Se peleaban?** ¿Cómo **se peleaban?** ¿Cuándo **se peleaban? ¿Se peleaban de vez en cuando** o todos los días? ○ ¿*[Student]* siempre **se portaba bien** o siempre **se portaba** mal? ○ **¿Se portaba bien de vez en cuando** o todos los días? ○ ¿<u>Quería</u> vivir con pájaros **mal educados**? ¿Quería vivir con elefantes mal **educados?** ¿Qué hacían los pájaros **mal educados**? ¿Los pájaros **mal educados** que **se portaban** mal comían con los codos en la mesa o comían con la boca <u>abierta</u>? ○ ¿Qué hacía *[student]* cuando los pájaros **se portaban** mal?
L2: (la cocina) Un día, mientras los pájaros **se peleaban** otra vez, ¿qué hizo *[student]*? <u>¿Los agarró?</u> ¿Los agarró y los metió en el refrigerador? ¿Por cuánto tiempo metió los pájaros **mal educados** que **se portaban** mal en el refrigerador? ¿Los metió en el refrigerador por 12 segundos? Cuando <u>abrió</u> el refrigerador, ¿que vio? ¿Vio dos pájaros que **se portaban bien**? ○ ¿Vio dos pájaros bien educados o **mal educados?** ○ ¿Los pájaros **se peleaban** o **se** sentaban? ○ ¿Qué le dijo el pájaro a *[student]*? ¿Quién le habló? ¿El primer pájaro **mal educado** que **se portaba** mal o el segundo pájaro **mal educado** que **se portaba** mal? ¿Qué le dijo? ¿Qué cosa mala <u>hizo</u> el pollo?

Hooks: Los pájaros hablaban y usaban palabras malas. / Los pájaros no usaban tenedores mientras estaban comiendo. / ¡Llevaron sombreros en la escuela! / Se pelearon por una pájara bonita.

4A Personalized Mini-Situation B

Vocabulary

travieso(a)
Twist the ends of your imaginary mustache; look crafty.

mentía
Make an X over your mouth.

la verdad
Raise your right hand, place your left on an imaginary book.

Personalized questions and answers

1. ¿Conoces a una persona muy traviesa? ¿Qué hace un niño travieso?
2. ¿Mientes a tus padres de vez en cuando? ¿Cuándo es mejor mentir en vez de decir la verdad?
3. ¿Siempre dices la verdad? ¿Por qué de vez en cuando no se dice la verdad en la política?

Personalized mini-situation

L1: (la casa) La mamá de *[name of female student]* siempre le gritaba porque se comía todo el helado durante la noche. *[Student]* le explicó a su mamá que tenía una muñeca muy traviesa. La niña le dijo que durante la noche la muñeca se portaba muy mal. Iba al refrigerador y se comía todo el helado. La mamá creía que la niña mentía. La mandó a su habitación por el resto de la noche porque no decía la verdad.

L2: (la cocina) Por eso, esa misma noche *[student]* fue a la cocina a la medianoche. Puso la muñeca en una silla en la cocina. Sacó una foto de la muñeca comiendo helado y regresó a su cama.

L1: (la casa) Por la mañana, *[student]* agarró la foto y se la dio a su mamá. La mamá le dijo que era una niña muy traviesa que se portaba mal, porque ella todavía tenía chocolate en la cara. La mandó a su habitación otra vez porque no dijo la verdad sino que mintió.

Ask the story

L1: (la casa) ¿Qué desaparecía del refrigerador durante la noche? ¿Qué hacía a su madre? ¿Le gritaba a su hija? ¿Le gritaba porque siempre se robaba el helado? ¿Le gritaba porque *[student]* se comía todo el helado durante la noche? ¿Le gritaba porque era **traviesa**? ○ ¿Qué le explicó *[student]*? ¿Le explicó que era **traviesa** o le explicó que su muñeca era **traviesa**? ○ ¿Le explicó que la muñeca era **traviesa** y **se** portaba mal durante la noche? ○ ¿Le explicó que la muñeca se portaba mal y era **traviesa** o que su padre se portaba mal y era **travieso**? ○ ¿Le explicó que su muñeca se comía todo el helado? ¿Era **verdad** que la muñeca se comía todo el helado? ○ ¿La mamá **creía** que era **verdad**? ¿La madre pensó que *[student]* **mentía** o que decía **la verdad**? ○

L2: (la cocina) ¿Qué hizo la niña **traviesa** una noche? ¿La niña fue a la cocina con la muñeca? ¿Sacó una foto de ella? ¿Qué estaba comiendo la muñeca **traviesa**? ¿Se portaba bien? ¿Tenía helado en la cara?

L1: (la casa) ¿Qué hizo la niña **traviesa** por la mañana? ¿**Mintió** otra vez? ¿**Mostró** la foto a su mamá? ¿Su mamá sabía que **estaba mintiendo** o pensaba que decía **la verdad**? ○ ¿Cómo lo sabía? ¿La niña todavía tenía chocolate en la cara?

Hooks: Al fin, la niña llora y la muñeca se ríe. / El padre tiene helado en la cara.

4A Personalized Mini-Situation C

Read Fondo cultural (p. 192).

Vocabulary

de niño(a)
Put your hand flat out to the side as if measuring a child's height.

molestaba
Repeatedly poke your arm as if you were trying to get someone's attention.

Personalized questions and answers

1. De niño(a), ¿jugabas afuera o te quedabas en casa con la televisión? De niño(a), ¿eras fuerte [*make a muscle to demonstrate*]?

2. ¿De niño(a) te molestaba llevar faldas y vestidos? ¿Te molesta llevar zapatos? ¿Te molesta llevar calcetines? ¿Qué te molesta llevar?

3. ¿Te molestan las uñas en la pizarra? ¿Qué te molesta más? ¿Te molesta cuando otra persona no lleva [*article of clothing*]?

Personalized mini-situation

L1: (la guardería infantil) De niño, [*name of male student*] era un chico perfecto que tenía un solo problema: no le gustaba llevar zapatos. Le molestaban mucho. De niño tenía que llevar zapatos. Todo el mundo los llevaba, pero al niño no le gustaban. Todos los días tenía que llevar los zapatos porque su madre insistía en que los llevara. Era un niño bien educado y se portaba bien. Por eso, siempre llevaba zapatos a la escuela, pero siempre le molestaban. De vez en cuando se quitaba los zapatos en secreto. De niño, [*student*] se sentía muy triste e incómodo.

L2: (la tienda) Un día, después de muchos años, el chico todavía se sentía muy triste e incómodo y decidió buscar zapatos que no le molestaran. Fue a la ciudad a buscar una solución. Así que fue a la ciudad a buscar zapatos que no le molestaran. Fue a [*store*] y buscó zapatos cómodos. Encontró zapatos de seda y de algodón, pero no le molestaba.

L3: (el centro comercial) Por fin fue a [*mall*] y buscó otra vez. Encontró una tienda invisible que vendía ropa invisible. Compró [*amount*] dólares de zapatos y regresó a su casa. Era feliz, aunque a veces la gente lo miraba de una manera extraña.

Ask the story

L1: (la guardería infantil) De niño, ¿cómo era [*student*]? ¿Era un chico perfecto? ¿Tenía problemas? ¿Tenía sólo un problema? ¿Qué <u>no le gustaba</u> llevar? ¿No le gustaba llevar zapatos? ¡**Le molestaban** mucho? ¿De niño tenía que llevar zapatos? Todo el mundo <u>los llevaba</u>, ¿no? ¿De niño **le molestaban** todos los zapatos? ○ ¿Quién insistía en que los llevara? ¿Siempre llevaba zapatos a la escuela porque era un niño bien educado? ○ ¿Qué siempre **le molestaba a** [*student*] **de niño**? ○ ¿Los zapatos **le molestaban** o los pantalones **le molestaban**? ¿De vez en cuando <u>se quitaba</u> los zapatos en secreto? ¿**De niño**, [*student*] se sentía incómodo o contento? ○

L2: (la tienda) Un día, después de muchos años, ¿quién decidió buscar una solución? ¿El chico o [*su profesor / un amigo de la clase*]? ¿Todavía se sentía muy triste e incómodo? ¿Decidió buscar zapatos que no le molestaran? ○ ¿Adónde fue? ¿Fue a la ciudad a buscar zapatos que no **le molestaran**? ○ ¿Por qué fue a la ciudad a buscar zapatos que no **le molestaran**? ○ ¿Fue a [*store*] y buscó zapatos cómodos que no **le molestaran**? ¿El niño fue **de niño** o fue como adulto? ○ ¿Cuántos años tenía el niño cuando fue a la tienda? ¿Qué encontró? ¿Encontró zapatos de seda? ¿**Le molestaban**? ¿Encontró zapatos de algodón? ¿Todo **le molestaba**? ¿Cuáles **le molestaban** más, los zapatos de seda o los zapatos de algodón? ○

L3: (el centro comercial) Por fin, ¿adónde fue a buscar? ¿Qué clase de tienda encontró? ¿Encontró una tienda invisible que <u>vendía</u> zapatos invisibles que no **le molestaban**? ○ ¿Cuánto <u>costaron</u> los zapatos que compró? ¿Compraron [*amount*] dólares de zapatos? ¿Era feliz? ¿Era feliz porque <u>llevaba</u> zapatos que no **le molestaban**? ¿Era feliz aunque a veces la gente <u>lo</u> miraba de una manera extraña?

Hooks: No le gustaba llevar ropa interior, camisa, zapatos, pantalones, etc. / Los otros estudiantes también dejaron de llevar *[clothing]*.

4A Extended Reading

Read Fondo cultural (p. 191).

Magdalena, la mal educada

Una chica que se llama Magdalena era muy mal educada de niña. En casa comía con la boca abierta. Nunca obedecía a sus padres. Cuando iba a la escuela, molestaba las tortugas de la clase.

Magdalena nunca decía la verdad. Siempre le mentía a todo el mundo. Siempre les robaba monedas a los otros niños en el patio de recreo. Como era muy consentida, tenía muchas muñecas, pero nunca compartía sus muñecas con los otros niños.

Así que nadie jugaba con ella. Se peleaba con todo el mundo. Aunque era muy consentida y tenía muchísimos juguetes, de pequeña nunca jugaba con muñecas, dinosaurios ni trenes eléctricos como los demás niños. Nunca montaba en triciclo ni saltaba a la cuerda. Pero sí de vez en cuando molestaba a los animales. Cuando tenía nueve años, su mamá tenía una colección de peces. Magdalena no tenía mascota porque no era simpática con los animales. Ella era tan traviesa que le robó todos los peces a su mamá y los puso dentro de un oso de peluche. Le ofreció el oso de peluche a Mario, un niño tímido de su clase de español. Mario se sorprendió porque normalmente Magdalena no era generosa. Pero él era un chico bien educado que no era travieso, y aceptó el regalo. Olió el oso de peluche. Olía muy, muy mal.

La verdad era que de pequeña Magdalena era una niña muy consentida. Se portaba muy mal. Cuando tenía catorce años, ¡siempre hablaba inglés en la clase de español! ¡Qué horror! Por lo general era muy desobediente.

Un día, cuando Magdalena tenía quince años, les tiró lápices a unos pájaros. Los pájaros decidieron molestar a la chica que les tiraba lápices. Entonces, los pájaros querían sentarse encima de la cabeza de Magdalena y la molestaron todo el día. La pobre chica se duchó toda la noche y se lavó el pelo con 34 botellas de champú. Ahora es una chica bien educada y obediente que se porta muy bien y trabaja en un zoológico cuidando a los animales.

4B Cognate Reading

María, Diego y los gatos

Todos los hombres querían casarse con María porque era la mujer más inteligente de todo el pueblo. Un hombre muy rico del pueblo le pidió la mano. No le pidió la mano a María, sino que le pidió la mano de María al padre de María. Entonces, los padres exclamaron: "¡Felicidades!" e inmediatemente mandaron invitaciones a todo el mundo. Era la costumbre en su familia que los novios no se abrazan ni se dan la mano antes de la boda.

El día llegó y todos los invitados fueron a celebrar la boda y a felicitar a la mujer más inteligente y al hombre más rico del pueblo. Era como una reunión de familia. Todo el mundo estaba allí. La celebración empezó a las siete. María y Diego se vieron y se casaron en una boda de once minutos. No se besaron, sino que se dieron la mano. Después, la gente bailó hasta la medianoche. Cuando por fin se despidieron, el esposo y la esposa regresaron a casa. Hablaron toda la noche. María le explicó a su esposo: "Quiero estudiar el arte de Picasso, Goya y Botero y graduarme de una universidad muy buena". Diego le dijo: "¡Quiero catorce gatos!"

Diego empezó a comprar gatos. María fue a la Universidad de Salamanca. Estudió el arte antiguo de España. Como era tan inteligente, se graduó después de tres meses.

Un poco más tarde, en la fiesta de cumpleaños de Diego, María le dijo: "Quiero viajar por el mundo". Diego respondió: "¡Quiero más gatos!" María salió a viajar por el mundo.

Diego adoptaba gatos frecuentemente. Cuando María regresó de su viaje alrededor del mundo en el Día de la Madre, Diego y María se abrazaron. El esposo y la esposa hicieron un picnic y hablaron otra vez. "Quiero un bebé", dijo María. "¡Quiero más gatos!" dijo Diego. María era alérgica a los gatos.

El Día del Padre, hicieron otro picnic, y Diego le dijo a María: "Creo que ahora quiero un bebé". María le respondió: "Ahora no quiero un bebé. Quiero un perro enorme".

El Día de la Independencia, María y Diego decidieron que no eran buenos esposos. Antes del primer aniversario de la boda, María y Diego se divorciaron. María vive con un perro enorme y feroz en España y trabaja en el Museo del Prado porque es una experta en el arte antiguo. Diego vive con 302 gatos en un hospital para hombres ricos que tienen más de 100 gatos. María y Diego se escriben mucho y frecuentemente tienen reuniones en el hospital.

4B Personalized Mini-Situation A

Read A primera vista *(pp. 212–213). Read* Videohistoria *(pp. 214–215) and watch* La fiesta de San Pedro. *Read* Fondos culturales *(pp. 210, 220).*

Vocabulary

se casó (con)
Mime putting a ring on your finger, or hum the "Wedding March".

Se reunieron con los parientes.
Hold your arms out wide as if you are hugging all your relatives.

Recordaron que no se divirtieron.
Put your fingers on the corners of your mouth and pull them downward.

Personalized questions and answers

1. ¿Con quién quieres casarte? ¿Quieres casarte con una persona rica? ¿Es mejor casarse por amor o por dinero?
2. ¿Te reúnes frecuentemente con tus parientes? ¿Cuántas veces al año te reúnes con los parientes? ¿En la Navidad, el verano, etc.? De pequeño, ¿te divertías cuando te reunías con tus parientes?
3. ¿Recuerdas una vez en que no te divertiste? ¿Recuerdas cómo habrías podido divertirte más?

Personalized mini-situation

L1: (Beverly Hills) Había una chica que se llamaba *[name of girl]*. Ella vivía en Beverly Hills. Era muy bonita y muy rica. Quería casarse con un chico guapo y rico. El Día de los Muertos, *[girl]* se casó con un chico que se llamaba *[name of boy]*. No se casó por amor; se casó por dinero. En el cuarto minuto del matrimonio, los dos recordaron que no se divirtieron durante los tres primeros minutos.

L2: (Pensacola) Fueron a Pensacola y se reunieron con los parientes de *[boy]*. Sus padres eran psicólogos. En la oficina de sus padres, *[girl]* y *[boy]* recordaron que nunca se divirtieron juntos. *[Girl]* les dijo a los psicólogos que se casó con *[boy]* porque él tenía mucho dinero. *[Boy]* les dijo a los psicólogos que se casó con *[girl]* porque era bonita. Los psicólogos los abrazaron, pero solamente los escucharon. No les dijeron nada.

L3: (la casa del Dr. Felipe) Así que *[girl]* y *[boy]* fueron a la casa del Dr. Felipe. Por años y años se reunieron en la casa del Dr. Felipe todos los lunes. Se abrazaban y se besaban cada vez. En la casa del Dr. Felipe, recordaban que no se divertían en el matrimonio y se lo decían a él varias veces. Un día el Dr. Felipe les dijo: "Sólo el amor es necesario". Por fin, empezaron a divertirse. Ahora los dos están muy contentos gracias al Dr. Felipe y celebran el Día de los Muertos todos los años.

Ask the story

L1: (Beverly Hills) ¿Dónde vivía la chica? ¿Quería casarse con un chico guapo y rico o quería casarse con un chico feo y pobre? ¿Quería casarse por amor o por dinero? ¿En qué día se casó? ¿Se casó el Día de los Muertos? ¿Con quién se casó? ¿Dónde se casó? ¿Los novios se reunieron con sus parientes antes de casarse? ¿Ella se casó por dinero? ¿Se divirtieron cuando se casaron? ¿Se divirtieron en el primer minuto? ¿En el segundo minuto? ¿En el cuarto minuto, ¿que recordaron los dos? ¿Recordaron que no se habían divertido en los tres primeros minutos? ¿Recordaron que no habían querido casarse por dinero y belleza?

L2: (Pensacola) ¿Adónde fueron? ¿Fueron a reunirse con quién? ¿Fueron a reunirse con los parientes del esposo o fueron a reunirse con los parientes de la esposa? ¿Por qué fueron a reunirse con parientes? ¿Tenían parientes que eran psicólogos? ¿Les dijeron que recordaron que no se habían divertido los primeros tres minutos de matrimonio? ¿Los psicólogos los abrazaron o les gritaron? ¿Solamente los escucharon? ¿No les dijeron nada?

L3: (la casa del Dr. Felipe) ¿Fueron a la casa de otro psicólogo? ¿Cómo se llamaba? ¿Se reunieron con él? ¿Se reunieron con él todos los lunes? ¿La esposa y el esposo se abrazaban y se besaban todos los lunes? ¿Le dijeron al Dr. Felipe que recordaban que no se habían divertido en el matrimonio? ¿Recordaban todas las semanas que no se divertían juntos? ¿El Dr. Felipe les dijo: "Sólo el amor es necesario"? ¿Les dijo: "Sería mejor divorciarse"? ¿Qué hicieron los dos esposos? ¿Por fin empezaron a divertirse? ¿Celebran su aniversario el Día de los Muertos todos los años?

Hooks: *[Girl]* se casó con un actor famoso. / El Dr. Felipe les dijo: "Sólo las bolas de carne son necesarias para un matrimonio feliz".

Read Fondo cultural (p. 226).

Vocabulary

Un bebé nació el día festivo.
Mime cradling a baby in your arms and say, "Woohoo!" quietly.

mientras los parientes felicitaban a los padres (¡Felicidades!)
Say, "¡Felicidades!" and/or pat someone on the back.

Los mayores charlaban.
Mime chatting with another adult.

Personalized questions and answers

1. ¿Conoces a una persona que haya nacido en un día festivo? ¿Cuando un bebé nace en un día festivo, recibe más o menos regalos? ¿Te gustaría haber nacido en un día festivo? ¿Por qué?
2. ¿Cuándo felicitas a una persona? ¿Cómo felicitas a una persona? ¿Con una carta, una llamada, una fiesta, etc.?
3. ¿Los mayores charlan más que los jóvenes? ¿Escuchas bien cuando los mayores charlan, o no te importa? ¿Normalmente charlan los mayores de cosas serias?

Personalized mini-situation

L1: (el hospital) Había dos personas llamadas Carlitos y Anita. Tenían un bebé llamado *[baby name]*, que nació el día festivo de Carnaval. Todos los parientes de Anita vinieron al hospital a felicitarlos. Todos dijeron: "¡Felicidades!" Los jóvenes primos abrazaron y besaron a la madre mientras los mayores charlaban del día festivo de Carnaval. Pero, mientras los jóvenes abrazaban a Anita y los mayores charlaban, el bebé se fue. Era un bebé muy precoz. Al nacer ya sabía caminar. Llegó una policía. Los padres del bebé y los jóvenes parientes estaban muy preocupados, pero los mayores siguieron charlando.

L2: (el desfile) Primero, como era el día festivo, la policía fue a buscar al bebé en el desfile de Carnaval. No lo encontró.

L3: (la tienda) Carlitos y Anita fueron a *[baby clothing store]*. Los empleados de la tienda estaban charlando, pero Carlitos los interrumpió y preguntó si habían visto al bebé. Buscaron por toda la tienda, pero el bebé no estaba.

L4: (otra tienda) Luego fueron a la tienda "Los bebés somos nosotros". El bebé estaba allí. Cuando vieron al bebé con sus padres, los empleados de la tienda dijeron: "¡Felicidades!" Los jóvenes felicitaron y abrazaron a los padres mientras los mayores charlaban de cuán estúpidos son los padres jóvenes.

Ask the story

L1: (el hospital) ¿Cómo se llamaban las dos personas? ¿En qué día festivo <u>nació</u> su **bebé**? ○ ¿El **bebé nació el día festivo** de Carnaval? ¿**El bebé nació el día festivo** del Día de los Muertos? ○ ¿Todos los **parientes** de Anita vinieron al hospital a **felicitarlos**? ○ ¿Por cuánto tiempo **felicitaban a los padres**? ○ Mientras **los mayores felicitaban a los** padres, ¿todavía <u>charlaban</u>? ○ ¿Todos dijeron: "**¡Felicidades!**" o todos dijeron: "¡Qué bebé tan feo!"? ○ ¿Quiénes **abrazaron y besaron** a Anita? ¿Era **un bebé** muy precoz? ¿Al nacer ya sabía caminar? ¿Adónde fue el **bebé**? Mientras el **bebé** se escapó, ¿**los mayores** charlaban todavía?

L2: (el desfile) ¿La policía fue a buscar **al bebé**? ¿Lo encontró o no lo encontró? Mientras la policía buscó, ¿los **parientes mayores** todavía <u>charlaban</u> en el hospital o buscaban **al bebé**? ○ ¿En qué día **nació el bebé**? ○

L3: (la tienda) ¿Adónde fueron Carlitos y Anita a buscar **al bebé** precoz? ¿Fueron a *[baby clothing store]*? Mientras estaban buscándolo, ¿los empleados estaban charlando o trabajando? ○ ¿Carlitos los interrumpió? ¿Buscaron por toda la tienda? ¿Estaba allí **el bebé que nació el día festivo**? ○

L4: (otra tienda) Luego, ¿adónde fueron los padres? ¿Fueron a una tienda para bebés? ¿Estaba <u>allí</u> **el bebé**? ¿Qué les dijeron los empleados? ¿Les dijeron: "¡Qué irresponsables!" o les dijeron: "**¡Felicidades!**"? ○ ¿Los **parientes** jóvenes <u>felicitaron y abrazaron</u> a los padres? ○ Mientras los **parientes** jóvenes <u>felicitaban</u> a los padres, ¿de qué <u>charlaban</u> **los mayores**? ○

Hooks: Los mayores charlaban de cosas muy aburridas (porque son mayores, ¿no?). / Los policías charlaron con los payasos en el desfile. / Mientras los parientes felicitaban a los padres, el bebé charlaba con ellos.

4B Personalized Mini-Situation C

Read Fondo cultural (p. 218).

Vocabulary

Había una fiesta de sorpresa.
Raise up arms and yell,
"¡Sorpresa!"
Cumplió X años.
Sing "Feliz cumpleaños a ti" or
"Las mañanitas."
Se llevaban mal.
Put your hands on your hips and
make a really angry face.

Personalized questions and answers

1. ¿Te gustan las fiestas de sorpresa? ¿Cuándo se hace una fiesta de sorpresa? ¿A algunas personas no les gustan las fiestas de sorpresa?
2. ¿Cuántos años cumplió tu abuelo, hermano, etc., este año? Cuando cumpliste [number] años, ¿tuviste una fiesta de sorpresa?
3. ¿Te llevas bien con tus profesores? ¿Tú y tus hermanos se llevan bien o mal? ¿Por qué es difícil a veces llevarse bien con la familia?

Personalized mini-situation

L1: (la casa) [Boy's name] siempre había querido una fiesta de sorpresa para su cumpleaños. Cuando cumplió 15 años, había querido una fiesta de sorpresa, pero no hubo una fiesta de sorpresa. Cuando cumplió 16 años, había querido una fiesta de sorpresa, pero no la tuvo. [Boy] tenía un problema. Se llevaba mal con todos sus parientes. Se llevaba mal con todos sus compañeros. Se llevaba mal con todos.

L2: (la casa de los parientes) Fue a ver a sus parientes para buscar una solución. Les preguntó por qué nunca había tenido una fiesta de sorpresa. Sus parientes le dijeron que tenía una personalidad muy mala y que se llevaba mal con todos. [Boy] no encontró una solución con sus parientes.

L3: (el hospital) Por fin, fue al hospital. Le dijo a la doctora que quería una fiesta de sorpresa para su cumpleaños. Había cumplido 15 años y no había tenido una fiesta de sorpresa. Había cumplido 16 años y no había tenido una fiesta de sorpresa. Se llevaba mal con todos. La doctora tenía una recomendación. Le dijo que necesitaba un transplante: un transplante de personalidad. Después de la operación, [boy] tenía una personalidad muy buena. Se llevaba bien con todos y tuvo doce fiestas de sorpresa cuando cumplió 17 años.

Ask the story

L1: (la casa) ¿Qué clase de fiesta quería [boy's name]? ¿Siempre había querido una **fiesta de sorpresa** para su cumpleaños? ○ ¿Había querido una fiesta de sorpresa cuando **cumplió 15 años** o cuando **cumplió 90 años**? ○ ¿**Tuvo una fiesta de sorpresa**? ○ Cuando **cumplió 16 años**, ¿había querido **una fiesta de sorpresa** también? ¿**Tuvo una fiesta de sorpresa** o no? ¿[Boy] **se llevaba bien** o **se llevaba mal** con sus **parientes**? ○ ¿**Se llevaba mal** con todos sus **parientes**? ¿**Se llevaba mal** con todos sus **compañeros**? ○ ¿**Se llevaba mal** con todos? ○

L2: (la casa de los parientes) ¿Adónde fue a buscar una solución a su problema? ¿Fue a ver a sus **parientes**? ¿**Les preguntó** por qué no había tenido **una fiesta de sorpresa** cuando **cumplió 15 años**? ¿**Les preguntó** por qué no había tenido **una fiesta de sorpresa** cuando **cumplió 16 años**? ¿Qué **le dijeron** sus **parientes**? ¿**Le dijeron** que tenía una personalidad muy mala? ¿**Le dijeron** que **se llevaba mal** con sus parientes? ○

L3: (el hospital) ¿Adónde fue [boy]? ¿Qué le dijo a la doctora? ¿**Fue al hospital**? ¿Qué le dijo a la doctora? ○ ¿Le dijo que quería una **fiesta de sorpresa** para su cumpleaños? ○ ¿Le dijo que no había tenido una **fiesta de sorpresa** cuando **cumplió 16 años**? ○ ¿Había tenido una **fiesta de sorpresa** cuando **cumplió 15 años**? ¿Le dijo que se **llevaba mal** con todos? ○ ¿La doctora tuvo una recomendación? ¿Qué le dijo que necesitaba? ¿Un transplante de ombligo o de personalidad? Después de la operación, ¿[boy] tenía una personalidad muy buena? ¿**Se llevaba bien** con todos? ○ ¿Cuántas **fiestas de sorpresa** tuvo cuando **cumplió 17 años**?

Hooks: Al **cumplir 80 años**, tendrá otra **fiesta de sorpresa** y tendrá un infarto (ataque de corazón) durante la **fiesta de sorpresa**.

4B Extended Reading

Read **Perspectivas del mundo hispano** *(p. 230). Read* **Fondo cultural** *(p. 225).*

La boda de Héctor y Marisel

Héctor quería casarse con Marisel. Ellos se llevaban bien. Héctor le pidió la mano. Marisel y Héctor se abrazaron y se besaron. Al día siguiente se reunieron en un parque con sus parientes. Hicieron un picnic y charlaron. Todas las personas en la fiesta se saludaron. Después de una hora, Héctor y Marisel les dijeron a los parientes que iban a casarse el 6 de enero. Sus padres les dijeron: "¡Felicidades!" y se dieron la mano, pero no querían tener una boda en el Día de los Reyes Magos porque era día festivo. Querían comer el roscón de reyes ese día y no el pastel de boda. Los novios dijeron: "De acuerdo". Decidieron esperar hasta el cumpleaños de Marisel. Héctor decidió que sería una fiesta de sorpresa para Marisel y una boda a la vez. Los novios se despidieron de la familia y fueron a prepararse para la boda.

Marisel cumplió 24 años el día de la boda. Toda la familia le dio regalos para la boda y para su cumpleaños. ¡Fue una buena sorpresa! Ella llevaba un vestido antiguo de su bisabuela. Durante la boda, mientras se estaban casando, tuvieron la ceremonia del lazo y el sacerdote les puso el lazo alrededor del cuello a los dos. Era la costumbre de muchas familias mexicanas. Después, Héctor le dio a Marisel un regalo de cumpleaños. Los mayores los miraron y lloraron. Los chicos charlaban y se contaban chistes; no tenían buenos modales.

El hermano de Héctor, Cacahuate, los felicitó. Recordó que no tenía un regalo de cumpleaños para Marisel. Por eso quería hacer algo muy especial para ella. De repente sonrió porque tuvo una idea interesante. Quería darle una sorpresa a Marisel. Había un pastel para la boda. Cacahuate quería poner velas en el pastel. Era un pastel enorme. Subió al pastel para poner las velas. También tenía fuegos artificiales y pensó que sería buena idea ponerlos en el pastel. Frecuentemente tenía ideas malas.

Todos estaban divirtiéndose en la boda. Estaban contando chistes y riendo. No se dieron cuenta de que mientras Cacahuate estaba subiendo al pastel enorme, éste se empezó a caer. Todos empezaron a irse corriendo de la fiesta mientras el pastel estaba cayendo. Era como un gran desfile. Mientras estaba corriendo de la fiesta, Marisel pensó que sería buena idea buscar el lazo y usarlo para que Cacahuate se quedara en su asiento el resto de la noche.

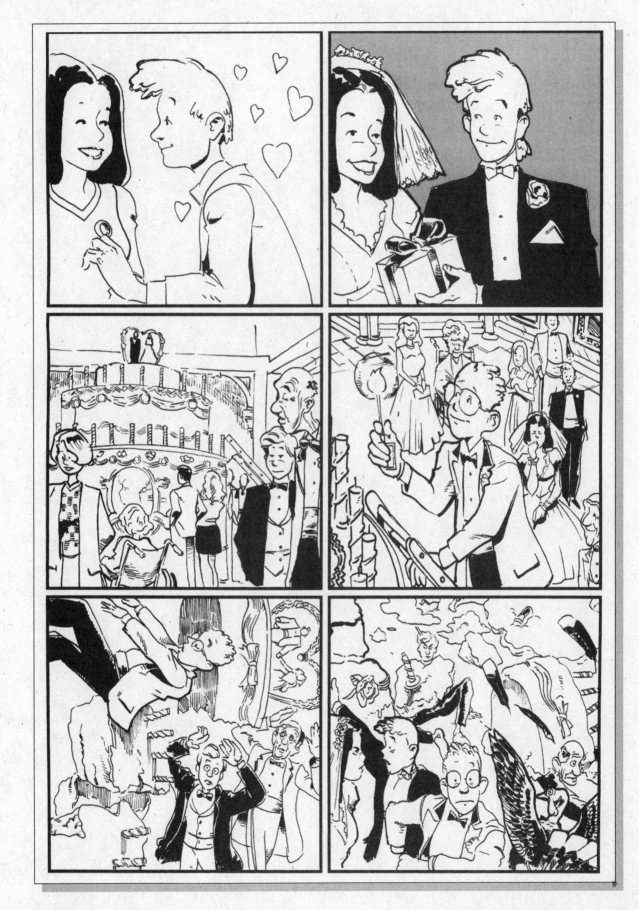

Tema 5

En las noticias

5A Cognate Reading

Read **La cultura en vivo** *(p. 258). Read* **Fondo cultural** *(p. 238).*

La leyenda de José María

A José María le gustaba viajar, pero cada vez que viajaba, tenía mala suerte. Investigó lugares turísticos en la Red y decidió que quería viajar a Belice. Pero llegó durante un huracán. Afortunadamente, muchas personas se escaparon de sus casas antes del huracán, pero el huracán destruyó muchas casas. A causa del huracán, José María decidió que quería viajar a otra parte.

Llamó por teléfono a sus amigos y les preguntó dónde debía viajar. Sus amigos le dijeron que debía ir a esquiar donde nieva mucho. Nieva mucho en las montañas de Chile. Por eso, José María viajó a Portillo, en Chile. Pero cuando trató de esquiar, hubo un accidente. Esquió muy mal y se cayó. No había muchos héroes ni heroínas en las montañas. José María usó su teléfono celular y llamó a los paramédicos. Afortunadamente, los paramédicos lo salvaron y lo llevaron al hospital. Dos semanas más tarde regresó a su casa. Había pasado todas sus vacaciones en el hospital.

Más tarde, José María leyó un artículo interesante en el periódico. Un reportero escribió que Florida era un lugar muy bonito y hacía mucho calor allí. El reportero escribió que era un buen lugar para visitar o para hacer un crucero. Cuando José María llegó a Florida, había un poco de lluvia. Llamó por teléfono al reportero, quien le dijo que no tenía que preocuparse. Afortunadamente, no pensaba que iban a tener mucha lluvia durante los próximos días. El hombre decidió hacer un minicrucero. Subió al barco por una escalera muy grande a las cinco de la tarde. A las seis empezó una tormenta. Todos los pasajeros gritaron y dejaron el barco. Saltaron al océano y nadaron a la costa. José María no saltó porque no sabía nadar. Llovía tanto que hubo una inundación en el barco.

Por fin, José María llamó a un helicóptero por teléfono celular. El helicóptero trató de salvarlo. Unos paramédicos bajaron una escalera del helicóptero. Los paramédicos le gritaron, pero José María no los podía oír. El helicóptero hacía mucho ruido. José María tenía que subir a la escalera. No era un héroe. No era muy fuerte. No quería subir a la escalera y volar sobre el océano en un helicóptero. Tenía miedo. De repente algo extraño ocurrió. Hubo una explosión en el barco. José María no sabía la causa, pero no quería quedarse ni un minuto más. Gritó y empezó a subir muy rápido a la escalera.

A causa de las aventuras de José María, ahora hay una leyenda acerca del hombre que tenía viajes desastrosos. Ahora, cuando cualquier persona tiene mala suerte en un viaje, dice que es a causa de la leyenda de José María.

5A Personalized Mini-Situation A

Read A primera vista (pp. 240–241). Read Videohistoria (pp. 242–243) and watch En el noticiero. Read Fondo cultural (p. 245).

Vocabulary

Comenzó un incendio con mucho humo.
Fan your face and cough as if encountering a lot of smoke.

Los bomberos trataron de apagarlo.
Mime putting out a fire with a fire hose.

La bombera valiente estaba de prisa.
Glance at watch and begin to walk in a hurry.

Personalized questions and answers

1. ¿Quién quiere ser bombero(a)? ¿Por qué? ¿Qué hacen los bomberos? Cuando ven incendios, ¿tratan de apagarlos? ¿Pasan más tiempo apagando incendios o rescatando a gatos en árboles?
2. ¿Alguien ha visto un incendio con mucho humo? ¿Cómo comenzó? ¿Alguien ha empezado un incendio en su propia cocina? ¿No cocinas muy bien? ¿Cocinas mejor cuando estás de prisa o cuando tienes mucho tiempo?
3. ¿Crees que eres muy valiente? ¿Quién es bastante valiente para ser bombero(a)? ¿Crees que podrías correr de prisa en la dirección de un incendio o que estarías corriendo para alejarte del edificio?

Personalized mini-situation

L1: (la cocina) *[Male name]* era uno de los mejores cocineros de todo el mundo. Un día trató de hacer un postre para el cumpleaños de su padre. Cuando encendió el horno, no sabía que había una caja de pizza dentro del horno. Un incendio muy grande comenzó en el horno. Había mucho humo. *[Male name]* llamó al 911.
L2: (la calle) Los bomberos y las bomberas vinieron muy de prisa. Apagaron el incendio. Una bombera era muy guapa y fuerte. Era valiente también. La bombera le preguntó a *[man]*: "¿De quién es esta casa?"
"Es mía", respondió. *[Male name]* quería invitar a la bombera a salir con él, pero ella le dijo: "Lo siento. Nunca salgo con hombres que no saben cocinar".

Ask the story

L1: (la cocina) ¿Qué **trató de** hacer el cocinero famoso? ○ ¿**Trató de** hacer un postre? ¿**Comenzó un incendio**? ¿**Comenzó un incendio** o **comenzó** una fiesta? ○ ¿A qué hora **comenzó el incendio**? ¿Dónde **comenzó**? ¿**Comenzó** en un horno o **comenzó** en el baño? ○ ¿Por qué **comenzó un incendio** cuando *[man]* encendió el horno? ¿No sabía que había una caja de pizza dentro del horno, o lo sabía? ○ ¿**Comenzó un incendio** muy grande en el horno o **comenzó** con mucho **humo** o un **incendio** con poco **humo**? ○ ¿**Comenzó un incendio** con mucho **humo** o llamó al 911? ○ ¿Con qué **trató de apagarlo**? ¿Qué **les dijo** cuando llamó a los **bomberos**? ¿Les gritó "¡Socorro! ¡Socorro!"?
L2: (la calle) ¿**Los bomberos** y las **bomberas vinieron** a ayudarlo? ○ ¿Cómo **vinieron**? ¿**Vinieron de prisa**? ¿**Vinieron de prisa** en un camión o corriendo? ¿**Trataron de apagar el incendio** con mucho **humo**? ¿Con qué **trataron de apagarlo**? ○ ¿Cómo **eran** los **bomberos**? ¿**Eran valientes**? ¿Una **bombera** era muy guapa y fuerte? ¿**La bombera** era más **valiente** o más guapa? ○ Después de **apagar el incendio**, ¿qué le dijo **la bombera** al cocinero? ¿Le preguntó de quién era la casa? ¿Qué **quería** el cocinero? ¿**Quería salir** con **la bombera**? ¿Qué le dijo? ¿Le dijo: "¿Quiere Ud. **salir conmigo**?"? ¿Qué respondió la **bombera**? ¿Dijo que nunca sale con hombres que no saben cocinar?

Hooks: El cocinero vuelve al instituto de cocineros para aprender a cocinar mejor. / El cocinero vuelve al instituto de cocineros para conocer a una chica.

5A Personalized Mini-Situation B

Read ¡Adelante! Lectura (pp. 256–257).

Vocabulary

El locutor anunció en el noticiero...
Act like a TV reporter.
Se escondió.
Put hands over face.
De repente hubo un terremoto.
Put hands out as if trying to keep your balance.

Personalized questions and answers

1. ¿Miras los noticieros? ¿Tienes un(a) locutor(a) favorito(a)? ¿Alguien quiere ser locutor(a) en los noticieros?
2. Cuando tus padres se enojan, ¿te escondes? ¿En tu vida te has escondido de alguien?
3. ¿Has estado en un terremoto? ¿Dónde? ¿Dónde estabas cuando comenzó el terremoto? ¿Qué debes hacer cuando hay un terremoto?

Personalized mini-situation

L1: (el helicóptero) Carla Sánchez era locutora en Chicago. Quería entrevistar a *[famous person]*. Un día, subió al helicóptero de *[famous person]* y se escondió. Mientras el helicóptero volaba, Carla salió de su escondite y comenzó a entrevistar a *[famous person]*. *[Famous person]* estaba asustado(a) porque había una locutora y una cámara en el helicóptero privado. Pero de repente hubo un problema. De repente hubo un terremoto. Carla Sánchez era la única locutora profesional en un helicóptero durante el terremoto. Tenía una exclusiva. Comenzó a hacer una entrevista con *[famous person]* mientras anunciaba los detalles de la destrucción del terremoto. La locutora tenía que gritar sus preguntas y a la vez anunciaba en vivo en el noticiero. *[Famous person]* no quería dar una entrevista y trató de escaparse. De repente, *[famous person]* se cayó del helicóptero y Carla Sánchez tuvo la noticia exclusiva de la muerte de *[famous person]*.

Ask the story

L1: (el helicóptero) ¿Cómo se llamaba **la locutora**? ○ ¿Dónde trabajaba **la locutora**? ○ ¿Dónde <u>trabajaba</u> **la locutora**? ¿Quería una <u>entrevista</u> con *[famous person]* o con *[other famous person]*? ○ **¿Se escondió** en la casa de *[famous person]* o **se escondió** en un helicóptero privado? ○ **¿Subió** a un helicóptero y **se escondió**? ¿Dónde **se escondió** en el helicóptero? ○ **¿Se escondió** debajo del helicóptero o dentro del helicóptero? ○ ¿Cómo **se escondió**? **¿Se escondió** con las manos enfrente de los ojos? Mientras el helicóptero volaba, **¿comenzó** a entrevistar a *[famous person]*? ¿Cómo <u>reaccionó</u> *[famous person]*? ¿Estaba **asustado(a)** porque había una **locutora** y una cámara **escondida** en el helicóptero privado? Pero **de repente** hubo un problema. ¿Cuál era el problema? ¿Hubo **un terremoto**? ¿Hubo **un terremoto**? ¿Carla ○ ¿Hubo un gran **terremoto**? ○ ¿Quién vio el gran **terremoto**? ¿Carla Sánchez lo vio? ¿Era <u>la única</u> **locutora** profesional en un helicóptero durante **el terremoto** o había muchos otros **locutores** en otros helicópteros también? ¿<u>Tenía una exclusiva</u>? **Comenzó** a hacer una entrevista con *[famous person]* mientras anunciaba los detalles de la destrucción del **terremoto en el noticiero**? ¿Anunció los detalles en **un noticiero** en <u>vivo</u>? **¿La locutora** tenía que gritar sus preguntas? ¿Tenía que gritar sus preguntas y a la vez anunciar en vivo **en el noticiero**? ○ *[Famous person]* quería dar <u>una entrevista durante **el terremoto**</u>? ○ *[Famous person]* quería dar una entrevista o quería <u>empujar</u> a **la locutora** del helicóptero? **¿La locutora** ○ ¿*[Famous person]* trató de **escaparse** del helicóptero? **¿La locutora** anunció en **el noticiero** que *[famous person]* iba a saltar? ¿Anunció en **el noticiero** que *[famous person]* saltó o solamente <u>anunció</u> que había **un terremoto**? ○ **De repente**, ¿quién <u>se cayó</u> del helicóptero? ¿Carla Sánchez tuvo la noticia exclusiva de la muerte de *[famous person]*?

Hooks: *[Famous person]* tenía un paracaídas en el helicóptero para escaparse porque encuentra locutoras en su helicóptero con frecuencia.

5A Personalized Mini-Situation C

Vocabulary

Sin duda había heridos.
Mime cradling an injured arm.
Algunos murieron.
Slice finger across neck.
Los muebles se quemaban.
Wiggle fingers as if they were flames.
Rescató a los heridos vivos.
Pull up imaginary person.

Personalized questions and answers

1. ¿Es más peligroso un incendio en la casa por la noche o durante el día? ¿Se mueren más personas en incendios durante la noche cuando están dormidos? ¿Cuál es la solución? ¿No deben dormir las personas?

2. En un incendio, ¿qué se quema primero, el televisor o el sofá? ¿Cuál crees que sea la cosa más importante de tu casa?

3. ¿Quién quiere ser bombero(a) y rescatar a los heridos de incendios? ¿Cuál de las personas que están aquí es un héroe?

Personalized mini-situation

L1: (la calle) Una mujer estaba caminando por la calle en mitad de la noche. De pronto oyó a una niña gritar: "¡Socorro! ¡Socorro!" Había un incendio en un edificio de apartamentos. La mujer corrió al edificio. Sin duda había heridos en el edificio. Quizás algunas personas ya se habían muerto porque estaban dormidas. Los muebles se quemaban. Todo el edificio se quemaba. Había mucho humo.

L2: (la cabina telefónica) De repente la mujer corrió a una cabina telefónica. No llamó a los bomberos sino que se cambió de ropa. Se cambió de ropa normal a la ropa de una superheroína valiente.

L3: (el edificio) La superheroína voló al edificio. Rescató a los heridos. Todos los heridos sobrevivieron. Nadie murió en el edificio porque la superheroína los rescató a todos. Los heridos querían darle las gracias a la superheroína, pero ella de repente se escapó.

Ask the story

L1: (la calle) ¿Qué <u>oyó</u> la mujer? ¿Oyó a una niña gritar: <u>"¡Socorro! ¡Socorro!</u>" o oyó a un perro gritar: <u>"¡Socorro! ¡Socorro!"</u>? ○ ¿Gritó porque había **un incendio en un edificio de apartamentos?** ¿Cómo reaccionó la mujer? ¿Corrió **al edificio?** ¿Había **heridos?** ○ **¿Sin duda había heridos?** ¿Quizás algunas personas **ya se murieron?** ¿Por qué? ¿Porque **estaban dormidas?** ¿Qué hora era cuando estaban dormidas? ○ **¿Los muebles se quemaban en el edificio?** ¿Todos los **muebles se quemaban?** ¿Cuántos **muebles se quemaron?** ○ ¿Todo el **edificio de apartamentos se quemó?** ¿**Había mucho humo?**

L2: (la cabina telefónica) ¿Corrió a una cabina telefónica o usó un teléfono celular? ¿Llamó **a los bomberos?** ¿No llamó a **los bomberos** sino que se cambió de ropa? ¿Se cambió de ropa normal a la ropa de una superheroína? ¿Se puso ropa de heroína **valiente?**

L3: (el edificio) ¿Voló al edificio o caminó al edificio? ○ **¿Rescató a los heridos?** ¿Cómo rescató a los heridos? ○ ¿A cuántos **heridos rescató?** ○ ¿Todos los heridos **sobrevivieron?** ¿<u>Nadie se murió</u> o todos se murieron en el **edificio de apartamentos?** ○ **¿Los heridos** no se murieron porque la superheroína **los rescató?** ¿Cómo <u>los rescató?</u> ¿Quién <u>los rescató?</u> ○ <u>**¿De repente se escapó?**</u>

Hooks: Se escapó antes de que Carla Sánchez pudiera pedirle una entrevista.

5A Extended Reading

*Read **Fondo cultural** (p. 257).*

Guau, el héroe

Hubo un terremoto. Hubo un gran terremoto. A causa del terremoto, algo terrible ocurrió. Empezó un incendio en el edificio de apartamentos de Pablito. Pablito estaba durmiendo en su cama. El niño dormido no sabía que había un incendio. Cuando Pablito se despertó, tenía miedo. Se asustó mucho. Estaba tan asustado que no sabía qué hacer. Pablito tenía miedo y se escondió debajo de la cama. Es común para los niños esconderse durante un incendio. Se escondió porque estaba asustado. El incendio quemó los muebles del apartamento. Había mucho humo y Pablito no podía ver en el apartamento. Pablito era valiente, pero estaba asustado. No era un héroe. Era un niñito.

Pablito tenía un perrito que se llamaba Guau. Guau era valiente. Quería rescatar al niño. Quería salvarle la vida al niño. Estaba de prisa. No tenía mucho tiempo, pero llamó por teléfono a la policía y a los bomberos. Aunque era un perrito muy valiente, había mucho humo. Había humo por todo el edificio de apartamentos. De repente, oyó al niño gritar: "¡Socorro! ¡Socorro!" Muy de prisa, corrió a la habitación de Pablito. Oyó al niño gritar: "¡Socorro!" y lo oyó llorar. Trató de entrar en la habitación del niño. Cuando encontró al niño, no estaba muerto. Estaba vivo. Rescató al niño.

Los bomberos pusieron una escalera cerca de la ventana de la habitación. El niño y el perrito bajaron la escalera juntos. Se escaparon del edificio. El incendio destruyó el apartamento, pero afortunadamente nadie se murió en el incendio.

Cuando salieron del edificio de apartamentos, los bomberos ayudaron a los dos heridos. Necesitaban oxígeno porque había mucho humo en el apartamento. Tenían heridas pequeñas también. Los dos heridos estaban felices. Los bomberos entraron en el edificio de apartamentos y apagaron el incendio rápidamente. Apagaron el incendio con agua. Apagaron el incendio en menos de veinte minutos. Los bomberos no murieron.

Sin duda, el perrito valiente recibirá una medalla. Tendrá una vida extraordinaria. A causa de Guau, nadie murió. Al día siguiente, un noticiero de televisión anunció que era el perrito más valiente de todo el mundo. Era un héroe.

Photocopy for students.

© Pearson Education, Inc.

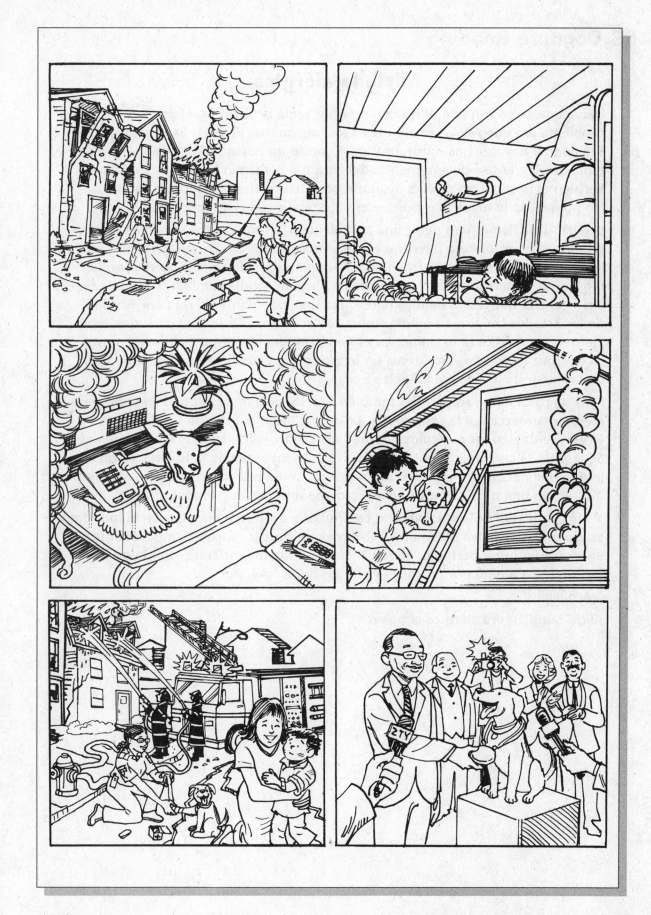

5B Cognate Reading

Alicia la alérgica

Había una chica llamada Alicia que siempre tenía problemas. El primer problema era que Alicia era alérgica a los mosquitos. Vivía en San Salvador, El Salvador, y hay muchos mosquitos allí. Cuando un mosquito la picaba, siempre tenía que ir a la sala de emergencia del Hospital Benjamín Bloom en ambulancia. Pero en el hospital no podían ayudarla porque era alérgica a los antibióticos. No podían darle medicinas porque era alérgica a todas las medicinas.

Un día Alicia llamó para pedir una ambulancia. Los mosquitos la habían picado en todo el cuerpo. Pero mientras estaban manejando, hubo un accidente. Alicia llegó al hospital en taxi. Entró en la sala de emergencia en silla de ruedas. Los mosquitos le habían picado las piernas y Alicia no podía caminar. En la sala de emergencias había una médica nueva. Era una estudiante de una universidad de los Estados Unidos. La médica tenía catorce años. Alicia le explicó que tenía alergias. La médica la examinó. La estuvo examinando durante horas y horas. La doctora creyó que Alicia tenía un brazo roto a causa del accidente. Le sacó una radiografía del brazo y Alicia se cayó.

"Soy alérgica a las radiografías también." La médica le puso una inyección para mejorar la reacción a la radiografía. Le dijo a Alicia: "Creo que Ud. tiene un virus. ¿Le duelen los músculos?" Inmediatamente, Alicia tuvo síntomas nuevos. Se le puso la cara muy roja. "Soy alérgica a las inyecciones también." La médica le dijo que necesitaba una operación porque tenía una infección. Alicia le dijo: "Ud. no es una médica muy buena. Estoy peor ahora que antes."

Y Alicia salió del hospital. Fue a su computadora y buscó un lugar en el mundo en donde no hubiera mosquitos. No tuvo que buscar mucho tiempo. Pronto encontró un lugar perfecto. Se fue a vivir en Phoenix, Arizona, donde no hay mosquitos. Caminó por las calles y olió las flores. ¡Ay, no!

"¡Achííííííís!"

Alicia también era alérgica al polen.

5B Personalized Mini-Situation A

Read A primera vista (pp. 266–267). Read Videohistoria (pp. 268–269) and watch ¡El pobrecito soy yo! Read Fondo cultural (p. 264).

Vocabulary

El enfermero le dijo: "¿Qué te pasó? ¿Te caíste? ¡Qué lástima!"
Say, "What's wrong? Did you fall? What a shame!"

Sintió un dolor fuerte.
Yell in pain and place hand on head.

para sacar la radiografía
Mime taking an X-ray of legs, arms, ankles.

Personalized questions and answers

1. ¿Qué te dicen tus padres cuando sientes un dolor fuerte?
2. ¿Quién juega deportes y se cae mucho? ¿Has tenido muchos huesos rotos? ¡Qué lástima! ¿Qué te pasó?
3. ¿Qué haces cuando sientes un dolor fuerte? ¿Llamas al hospital cuando sientes un dolor fuerte?
4. ¿Qué te pasa cuando te caes? ¿Lloras mucho? ¡Qué lástima!

Personalized mini-situation

L1: (la casa de Araña) Había una chica normal que tenía ocho piernas. Se llamaba Araña. Un día se cayó. Sintió un dolor fuerte en uno de los tobillos. Sintió un dolor fuerte en una de las rodillas.

L2: (el hospital) Araña fue al hospital. Mientras estaba caminando, todavía sentía un dolor muy fuerte. El enfermero le preguntó: "¿Qué te pasó? ¿Te caíste? ¡Qué lástima!" Araña le explicó: "Me caí en el baño." El enfermero le sacó una radiografía y le dijo: "La pierna está rota." Como la pierna estaba rota, el enfermero le puso un yeso y le dio muletas. Araña quería saber cuánto tiempo tenía que llevar el yeso. El enfermero le explicó que tenía que llevarlo durante seis semanas. Araña salió del hospital y fue a hablar con un veterinario.

L3: (el consultorio del veterinario) El veterinario le sacó una radiografía. Le dio unas pastillas y le dijo: "Tienes muchas piernas extra. No necesitas ni yeso ni muletas. Simplemente camina en siete piernas durante seis semanas."

L1: (la casa de Araña) Araña regresó a casa caminando en siete piernas.

Ask the story

L1: (la casa de Araña) ¿Cuántas piernas tenía Araña? ¿Tenía ocho o diez? ○ ¿Tenía un problema? **¿Se cayó** o tenía nueve piernas? ○ **¿Sintió un dolor** fuerte en uno de **los tobillos** o en la cabeza? ○ ¿Sintió **un dolor** fuerte en una de **las rodillas** o en la cabeza? ¿Quién sintió **un dolor** fuerte? **¿Cuántos dolores** fuertes sintió? ¿Cómo **fue el dolor** que sintió?

L2: (el hospital) ¿Adónde fue Araña? ¿Fue al hospital? ¿Fue a cuál hospital? ¿Cómo fue? ¿Mientras estaba caminando todavía **sentía un dolor** muy fuerte? ¿Dónde? ¿Qué **le** preguntó **el enfermero**: **"¿Qué te pasó"?** ○ ¿Le preguntó: **"¿Te caíste?"**? ○ ¿Le dijo: **"¡Qué lástima!"**? ○ ¿Araña le explicó: **"Me caí** en el baño"?

¿El enfermero le **sacó una radiografía?** Como la pierna estaba rota, ¿qué le puso el enfermero? ¿Le puso **un yeso** o le puso un sombrero? ¿Cómo le puso **un yeso?** ¿Le puso **un yeso** de manera experta? ○ ¿Qué le dio? ¿Le dio **muletas?** ¿Le dio **muletas** o pizza? ○ ¿De qué color eran las **muletas?** ¿Qué quería saber Araña? ¿Quería saber cuánto tiempo tenía que llevar **el yeso?** ¿Cuánto tiempo tenía que llevarlo? ¿Qué le explicó el enfermero? ¿Le explicó que tenía que llevarlo seis semanas o seis años? ¿Cómo se lo explicó?

L3: (el consultorio del veterinario) ¿Encontró una solución al problema Araña? ¿Araña **salió** del hospital? ¿Adónde fue? ¿Fue a ver a un veterinario? ¿Araña sacó el veterinario? **¿Sacó una radiografía** o sacó la basura? ¿Qué le dio? ¿Le dio **unas pastillas? ¿Cuántas pastillas** le dio? ¿Qué **le** dijo: "Tienes muchas piernas extra. No necesitas **muletas"?**

L1: (la casa de Araña) ¿Araña regresó a casa caminando con siete pies? ¿Cómo caminó?

Hooks: Se llama "La Araña Pequeñita" y todos le cantan mientras camina por la calle.

5B Personalized Mini-Situation B

Read Fondo cultural (p. 271). Read ¡Adelante! Lectura (pp. 282–283).

Vocabulary

estaba mirando la sangre
Look while frozen in shock.
(la enfermera) vino
Mime one hand coming toward the other.
Les dolieron los brazos.
Hold hurting arms.

Personalized questions and answers

1. ¿Normalmente vas a hablar con un(a) enfermero(a) cuando te duele algo?
2. En el consultorio del (de la) enfermero(a), ¿el (la) enfermero(a) viene pronto o tienes que esperar mucho tiempo?
3. ¿Podrías ser enfermero(a)? ¿Cuando ves sangre te da dolor de estómago?

Personalized mini-situation

L1: (la escuela) [Boy's name] estaba en la escuela en la clase de [subject]. Tenía sed. Quería jugo de naranja. Salió de la escuela para buscar jugo de naranja. Entró en un supermercado para buscar jugo de naranja. Tenía sed. Estaba buscando el jugo cuando tropezó y se cayó en el supermercado. Se cayó y le dolieron los brazos. [Boy] nunca encontró el jugo. No

L2: (el hospital) [Boy] entró en el hospital. No había enfermeros. Esperó horas y horas y no vino un enfermero. Vino una paciente, pero ella no pudo ayudar a [boy]. Cuando por fin llegó una enfermera, [boy] ya no se sentía muy mal. No le dolían mucho los brazos. [Boy] decidió dar sangre mientras estaba en el hospital. Una enfermera vino y le sacó la sangre. Se sentó en una silla mientras le estaban sacando sangre. Miraba la sangre mientras se la sacaban.
Cuando vio la sangre, no se sintió bien. Se cayó de la silla. La enfermera vino y le trajo jugo de naranja porque se cayó de la silla mientras estaba dando sangre. ¡Qué bueno!

Ask the story

L1: (la escuela) ¿Quién tenía sed? ¿Qué quería? ¿Quería jugo de naranja o jugo de papas? ¿En qué clase estaba? ¿Salió de la escuela? ¿Dónde buscó jugo? ¿Qué pasó mientras estaba buscando el jugo? ○ ¿Tropezó y se cayó en el supermercado mientras estaba buscando el jugo? ○ ¿Quién se cayó? ○ ¿Cómo se cayó? ○ ¿Qué le dolió? ¿Le dolieron los brazos? ○ ¿Qué vino? ¿Vino una ambulancia? ○ ¿Vino una ambulancia al supermercado? ○ ¿A qué hora vino? ○ ¿Cómo vino? ¿Vino rápidamente o vino lentamente? ○

L2: (el hospital) ¿Quién vio [boy] en el hospital? ¿Vinieron unos pacientes? ¿Vino una paciente? ○ ¿Una enfermera vino también? ¿Después de cuánto tiempo vino? ○ ¿Se sentía mal o no se sentía muy mal? ○ ¿Se sentía solamente un poco mal? ¿Le dolían mucho los brazos o no le dolían mucho? ○ ¿[Boy] decidió dar sangre en el hospital? ¿Por qué decidió dar sangre? ¿Dio sangre porque no le dolía nada? ○ ¿La dio porque no tenía mucho dinero? ¿Se sentó en una silla mientras estaba dando la sangre? ¿Estaba mirando la sangre mientras daba la sangre? Al ver la sangre, ¿se sintió bien o se sintió mal? ○ ¿Se cayó de la silla? ¿Por qué se cayó? ¿Porque estaba mirando la sangre? ¿Quién vino? ¿Una enfermera vino? ¿Qué hizo cuando vino? ○ ¿Qué le trajo la enfermera a [boy]? ¿Le trajo jugo de naranja o le trajo un sombrero? ○ ¿Le trajo jugo de naranja porque se cayó de la silla mientras estaba dando sangre? ○ ¡Qué bueno!

Hooks: Bebió el jugo mientras estaba de espalda en el suelo y tenía jugo por todas partes.

5B Personalized Mini-Situation C

Read Fondo cultural (p. 278). Read Perspectivas del mundo hispano (p. 284).

Vocabulary

(El enfermero) les trajo…
Mime bringing various items.
Les dijo: "Pobrecitos".
Say "¡Ay! ¡Pobrecitos!".
recetó
Hand over a piece of paper.

Personalized questions and answers

1. ¿Te caes a veces? ¿Cuántas veces al día te caes? ¿Te gusta caerte? ¿Te duele el tobillo (el codo, la rodilla, etc.) cuando te caes?

2. ¿Conoces a alguien que se cae mucho? ¿Qué dices cuando un(a) amigo(a) se cae y se lastima?

3. Cuando te caes, ¿vas al hospital? ¿Vas a ver al (a la) enfermero(a)? ¿El (La) enfermero(a) te receta alguna medicina cuando te caes?

Personalized mini-situation

L1: (la casa) Había dos chicos que tenían un problema. Siempre se caían. Se caían muchas veces cada día. Les dolían los tobillos. Les dolían los brazos. Les dolía todo porque se caían miles de veces al día y se lastimaban. Todos les decían: "Pobrecitos. ¡Qué lástima!".

L2: (la calle) Un día trataron de ir al hospital a buscar una solución. Nunca llegaron porque no podían caminar. Se cayeron demasiadas veces.

L1: (la casa) Por fin, un enfermero vino a su casa y les trajo una receta. Recetó una medicina milagrosa. Ahora los chicos solamente se caen cientos de veces al día y todo es perfecto.

Ask the story

L1: (la casa) ¿Cuál era el problema de los chicos? ¿Siempre **se caían**? ¿Dónde se caían? ○ ¿Cuándo se caían? ¿Se caían muchas veces al día? ¿Cuántas veces al día se caían? ○ ¿A los chicos les dolían los brazos? **¿Les dolían** los tobillos? **¿Les dolía** todo? ¿Qué no **les dolía**? ○ **¿Se caían** miles de veces al día? ¿Qué les decían todos? ¿Todos les decían: **"Pobrecitos. ¡Qué lástima!"?** ¿Les decían: "¿Qué les pasó?"? ¿Qué le dijo un chico al otro? ¿Le dijo: **"¡Me caí! ¿Te caíste** también?"** ?

L2: (la calle) ¿Adónde trataron de ir los chicos? ¿Un día trataron de ir al hospital? ¿Qué querían buscar en el hospital? ¿Querían buscar una solución? **¿Llegaron** al hospital? ¿Nunca llegaron porque no podían caminar? **¿Se cayeron demasiadas** veces?

L1: (la casa) Por fin, ¿quién vino a la casa de los chicos? ¿Un enfermero vino a su casa? ○ ¿Qué les **trajo**? **¿Les trajo una silla de ruedas?** ¿Les trajo **una muletas?** ¿Les trajo **una receta** para qué? ¿Les trajo **una receta** mágica? ○ ¿Qué **les recetó**? ¿Les **recetó una medicina** mágica? ○ ¿Qué **les recetó**? ¿Les **recetó una medicina** milagrosa? ¿Cuántas veces al día se caen ahora que toman **la medicina**? ¿Se caen más o se caen menos? ○ ¿Todo está bien ahora?

Hooks: Dijo, "¡Me caí y no puedo levantarme!"

5B Extended Reading

El día terrible de la curandera

Celeste era curandera en un pueblo de una zona rural que se llamaba Salsipuedes. Esa zona no tenía hospital con enfermeros. Nunca daba ni recetas ni inyecciones. No tenía ni sala de emergencia ni ambulancia. La gente solamente usaba muletas porque no había sillas de ruedas. No podía sacar radiografías. ¡Qué lástima! Celeste la curandera viajaba por todo el pueblo ayudando a la gente.

Un día, a las cuatro de la mañana, Celeste vino corriendo a la casa de Marisol y Héctor Sánchez. Marisol estaba embarazada. Sentía un dolor fuerte y estaba gritando. Celeste quiso salir corriendo de la casa con medicinas, pero se le cayeron todas sus medicinas. Las puso en su bolsa, pero era un desastre. No sabía qué medicina era para qué dolor. Cuando el niño nació, Celeste le dio una medicina para bebés. Inmediatamente al bebé le creció más y más pelo en la cabeza. Celeste le dijo: "¡Pobrecito! La medicina le dio más pelo!"

A las siete, todavía estaba trabajando en la casa de los Sánchez cuando oyó que Yayo, un hombre muy viejo, tenía un problema. Yayo siempre tropezaba con cosas en su casa y se caía. Ese día tropezó con el perro y se cayó otra vez. Celeste vino y le dijo: "¿Qué le pasó, señor?" Yayo se había caído y se había lastimado el tobillo. Yayo dijo: "¡Me caí!" Yayo pensaba que tenía un hueso roto. Celeste le dijo: "¡Qué lástima!" Examinó a Yayo y le dijo que no tenía ningún hueso roto. No se podía sacar una radiografía, pero Yayo podía mover la pierna. Celeste le dijo que no necesitaba un yeso, pero le puso una venda y le dio muletas. Yayo tomó la medicina. De repente la pierna ya no le dolía, pero se lastimó la espalda cuando se movió para tomar las pastillas.

Al mediodía, Celeste oyó un chico de trece años que estaba gritando. Trajo su bolsa de medicinas y vino corriendo tan rápido que le dolieron los músculos. Celeste le preguntó: "¿Qué te pasó, Guapísimo?" Guapísimo había tenido un accidente cuando su bicicleta había chocado con un árbol. Se había cortado el tobillo. Se había lastimado el tobillo. Estaba llorando. Se sentía muy mal. Dijo: "¡Choqué con el árbol!" Celeste limpió toda la sangre de la ropa de Guapísimo y le dijo: "Pobrecito. ¡Qué lástima!" Le dio unas pastillas. Guapísimo dejó de llorar, pero empezó a estornudar. Era alérgico a las pastillas. ¡Qué raro! Celeste no le puso una inyección para las alergias porque no sabía cuál inyección de su bolsa era para las alergias.

Celeste regresó a su casa y puso un cartel en la ventana. *Aquí se vende medicina que CAUSA enfermedades. 900 pesos.* Ahora es muy rica.

Tema 6

La televisión y el cine

6A Cognate Reading

Read **Fondo cultural** *(p. 308). Read* **La nueva reina** *(p. 299).*

En busca de una idea

Gonzalo trabajaba en una estación de televisión. Tenía que pensar en una idea original para un programa dentro de veinticuatro horas. No había dormido durante dos semanas porque pensaba día y noche en esa idea. Se puso agitado porque no tenía mucho tiempo. Un día, fue a dar un paseo por la ciudad. Vio a unos atletas jugando al fútbol en el parque. Algunos de los atletas eran fenomenales. Competían como profesionales. Al final del partido, un atleta metió un gol y todos aplaudieron. El equipo del atleta ganó y fue el campeón de la liga.

Gonzalo tuvo una buena idea para su programa. En el programa, los atletas competirían por un millón de dólares. Gonzalo se puso muy emocionado. Regresó a la estación de televisión y presentó su idea, pero resultó que al presidente de la estación de televisión no le gustaban los deportes. Gonzalo estaba furioso. Regresó a casa y trató de pensar, pero se durmió. Durmió solamente tres horas.

Fue otra vez a caminar. Observó a algunas niñas jugando. Algunas hacían un concurso de belleza. Una era la presentadora. Otra hacía comentarios acerca de los vestidos. Una de las niñas se puso muy alegre cuando ganó el concurso de belleza. Gritó y saltó y lloró un poco. Las otras niñas aplaudieron y gritaron: "¡Fenomenal!" Entonces, inmediatamente, las niñas empezaron a competir otra vez. Esta competencia fue de talento. Esta vez otra niña ganó. Ganó millones de dólares. Ella también se puso emocionada y casi se vuelve loca. Al final, Gonzalo regresó a la estación y le explicó al presidente que tenía una idea para un programa de concurso de belleza. El presentador le daría un millón de dólares a una mujer al final del programa. Pero resultó que al presidente no le gustaba esa idea tampoco.

Gonzalo solamente tenía diez minutos más para proponerle una idea fenomenal al presidente de la estación de televisión. Pero no tenía más ideas buenas. Se puso agitado porque había pensado casi toda la noche y ahora solamente tenía ideas malas. Propuso una mala idea: "Podemos poner a diez personas en un auditorio por unos días y podemos hacer un programa de lo que hacen en el auditorio cuando no pueden salir por unos cuantos días. La última persona que se quede en el auditorio ganará un millón de dólares".

El presidente de la estación de televisión se puso muy emocionado. A él le gustaba mucho la idea, pero pensaba que había demasiado espacio en un auditorio. Pensó que sería mejor poner a las personas en un autobús por un mes. Resultó que hicieron el programa y Gonzalo por fin pudo dormir.

6A Personalized Mini-Situation A

Read A primera vista (pp. 294–295). Read Videohistoria (pp. 296–297) and watch El partido final. Read Fondo cultural (p. 292).

Vocabulary

una entrevista con un jugador
Hold microphone out toward someone else.
Perdió el campeonato.
Bow and shake head; mime sorrow and frustration.
El público se aburría y se dormía.
Yawn and mime falling asleep.

Personalized questions and answers

1. ¿Alguna vez has encontrado a un jugador famoso? ¿Has visto una entrevista con un jugador famoso? ¿Quién es tu jugador favorito?

2. ¿Prefieres mirar competencias atléticas o concursos de belleza? ¿Te aburres más mirando campeonatos o concursos de belleza? ¿A veces te duermes mientras estás mirándolos?

3. ¿Has visto un equipo perder un campeonato? ¿Prefieres mirar a un equipo perder un campeonato por tercera vez o ganar un campeonato por tercera vez?

Personalized mini-situation

L1: (el terreno de *[sport]*) Un jugador en un equipo de *[sport]* que se llamaba *[team name]* tenía un problema. Durante sus partidos, el público se aburría y se dormía. El jugador perdió el campeonato por tercera vez. Se puso triste porque el público siempre se aburría y se dormía durante los partidos.

L2: (la estación de tele) El jugador buscó una solución. Fue a una estación de televisión y habló con Cristina. Cristina le pidió una entrevista. Quería resolver el problema del jugador famoso en la televisión internacional en vivo. Pero durante la entrevista, el público se aburrió y se durmió.

L3: (la casa) El jugador decidió que no había remedio. Se puso más triste. Regresó a su casa y le dijo llorando a su esposa: "Todos se aburrieron y se durmieron durante mi entrevista…".

Ask the story

L1: (el terreno de *[sport]*) ¿Cómo se llamaba **el jugador** que tenía un problema? ¿Qué hacía **el público** durante sus partidos? ¿**El público se aburría** o **aplaudía**? ○ ¿**Se aburría y se dormía**? ¿**Se dormía** o **aplaudía**? ○ ¿Las personas preferían mirar otro partido? ¿Qué partido? ¿Cuántas veces **perdió el jugador el campeonato**? ¿**Perdió el campeonato** dos veces o tres veces? ○ Cuando lo **perdió** por tercera vez, ¿cómo **se sentía**? ¿**Se puso** triste cuando **perdió** por primera vez o **se puso alegre**? ○ ¿El jugador **se puso** triste porque **el público siempre se aburría y se dormía** durante los partidos? ○ ¿El jugador **se puso** triste porque no tenía un perro o porque **el público se aburría**? ○

L2: (la estación de tele) ¿El jugador buscó una solución? ¿Dónde? ¿Fue a una estación de televisión o a un supermercado? ¿Con quién habló? ¿Con Cristina? ¿Cristina le pidió **una entrevista**? ¿Con quién le pidió **una entrevista**? ○ ¿Quería **una entrevista** con **el jugador** famoso? ○ ¿Quería resolver el problema del jugador famoso en la televisión internacional en vivo? ¿Qué pasó durante **la entrevista**? ¿Qué le preguntó Cristina? ¿Qué hizo el **público**? ¿**Se aburrió y se durmió** o **se rió**? ○ ¿Las personas del **público** prefirieron mirar otra **entrevista**? ○ ¿Decidió **el jugador** que no había solución? ¿**Se puso** más triste? ○

L3: (la casa) ¿Regresó a su casa y le habló llorando a su esposa? ¿Le dijo a su esposa: "Todos **se aburrieron y se durmieron** durante mi entrevista…"? ¿O dijo: "¡Quiero un perro!"? ○ ¿Lloró porque **perdió el campeonato** o lloró porque todos **se aburrían y se dormían**?

Hooks: Su esposa **se aburría** mientras el jugador estaba hablando y **se durmió**. / El jugador no encontró ningún remedio. **Se aburría** buscándola y **se durmió**. / Al fin de su vida, **se murió** sin remedio.

Read Fondo cultural (p. 301).

Vocabulary

Había una competencia entre los aficionados y los entrenadores.
Aficionados: Raise hands as if cheering. *Entrenadores: Fold arms like a coach watching the game.*
Ganaron el premio… una cita con la reina.
Cheer wildly; hold out hand to the Queen.
Pidieron un premio mejor.
Hold out hands for a better prize and shake head.

Personalized questions and answers

1. ¿Has ganado un premio bueno en tu vida? ¿Cuál sería el premio mejor: un millón de dólares o una cita con una persona famosa?
2. Imagínate que ganaste un premio. ¿Pedirías un premio mejor si no te gustara el premio? ¿Si pudieras pedir cualquier premio, qué pedirías? ¿Cuál sería el mejor premio?
3. ¿Prefieres mirar una competencia entre niños o entre adultos? ¿Prefieres ser aficionado, entrenador o jugador?

Personalized mini-situation

L1: (el terreno de *[sport]*) Cada año había una competencia entre los aficionados de *[sports team]* y los entrenadores de *[sports team]*. Por lo general, los ganadores ganaban un millón de dólares, pero ese año hubo un premio mejor. El equipo que ganara tendría una cita con la reina de España. Los entrenadores y los aficionados jugaron. Por fin, los aficionados ganaron. Ganaron el premio. Ganaron una cita con la reina de España. Los aficionados hablaron. Pidieron un premio mejor. Pidieron un millón de dólares.

Ask the story

L1: (el terreno de *[sport]*) ¿Cómo se llamaba el equipo de los aficionados de *[sports team]*? ¿Cómo se llamaba el equipo de los entrenadores? ¿Cuántas veces al año había una **competencia** entre los **aficionados** y los **entrenadores**? ○ Por lo general, ¿cuál era **el premio** por ganar la **competencia**? ¿**El premio** era un **millón de** dólares o una cita con **la reina**? ○ (¿**La reina** de qué país?) ¿**El premio** era una cita con una persona famosa o un **millón de dólares**? (Un **millón de dólares** y catorce pesos) ○ ¿Por lo general, los ganadores ganaban un **millón de dólares**? ○ ¿Ese año hubo un **premio mejor**? ¿**Cuál era el premio mejor**? ¿**El premio mejor** eran dos citas o dos **millones de dólares**? ○ El equipo que ganara, ¿tendría una cita con la reina de *[country]*? ¿**Los entrenadores y los aficionados** jugaron? ¿Qué jugaron? ¿Por cuánto tiempo jugaron? Al último momento, ¿qué equipo ganó? ○ ¿**Ganó el premio**? ¿Qué ganó? ¿**Los aficionados hablaron**? ¿**Pidieron un premio mejor**? ¿Cómo lo **pidieron**? ○ ¿Cuántas veces lo **pidieron**? ¿Lo **pidieron** una vez o cuatro veces? ○ ¿Cuándo lo **pidieron**? ¿Lo **pidieron** inmediatamente o al día siguiente? ○ ¿A quién se lo **pidieron**? ○ ¿Qué **prefirieron**? ○ **¿Pidieron un millón de dólares?**

Hooks: Los aficionados pidieron otro premio porque ya habían tenido una cita con la reina de España la semana pasada. / …porque todos los que habían tenido citas con la reina murieron después de la cita.

6A Extended Reading

Read ¡Adelante! Lectura (pp. 310–311).

Dora la entrenadora

Dora era entrenadora de un equipo de fútbol. Estaba muy triste. El equipo nunca había ganado. Siempre perdía. Nunca había ganado el premio. Nunca había jugado en el campeonato. Una vez una de las jugadoras metió un gol y el partido terminó con un empate, pero por lo general, el equipo nunca metía goles. Resultó que por tercera vez quedaron en último lugar en la liga. La entrenadora Dora casi se vuelve loca. Se puso muy agitada porque prefería ganar. El equipo tenía dos aficionados muy buenos. Aplaudieron al final, pero una vez la entrenadora vio que hasta ellos se aburrieron y aun se durmieron durante el partido. Dora se moría de frustración.

Dora salió a buscar una solución. Primero, fue a ver al mejor atleta que conocía, Armando Diego Donamara, el famoso futbolista ecuatoriano. Le pidió consejos. Armando Diego le dijo a Dora que era muy importante comer muchos espaguetis. La entrenadora Dora se puso alegre porque por fin tenía una solución. Regresó a su equipo y les dio espaguetis a todas las jugadoras. Los comieron al desayuno, al almuerzo y a la cena. Pero después de un año el equipo todavía estaba en último lugar en la liga.

El año siguiente Dora salió otra vez a buscar una solución. Fue al concurso de belleza Señorita Universo. Era una competencia muy grande. Dora pensaba que la ganadora de esa competencia tendría una solución para atletas que no pueden ganar. El público aplaudía porque Silvia, la reina, acababa de ganar el premio de un millón de dólares. Ella estaba muy ocupada porque tenía que hacer millones de entrevistas. El presentador estaba furioso porque tantas personas querían entrevistar a Silvia antes del final del concurso de belleza. Él prefería terminar su comentario antes de las entrevistas. La entrenadora Dora interrumpió las entrevistas y le pidió consejos a la reina del concurso de belleza. El presentador se enojó y salió. Dora le preguntó a Silvia: "¿Por qué cree Ud. que ganó?"

Silvia respondió: "Tengo una familia que me apoya. Tengo aficionados fenomenales. Tengo un público que me aplaude. Es todo lo que necesito".

La entrenadora Dora se puso muy alegre. Les dijo su solución a sus atletas. Todas invitaron a sus parientes y amigos. Al poco tiempo tenían un público grande. Compitieron muy bien. ¡Ganaron uno de sus partidos con un tanteo de 2–0! Aunque no eran las campeonas del campeonato, las jugadoras se pusieron muy emocionadas porque por primera vez no quedaron en el último lugar. También tenían cientos de aficionados aplaudiendo y gritando en cada partido. Ahora Dora se moría de emoción.

6B Cognate Reading

Read ¡Adelante! Lectura (pp. 336–337). Read Fondo cultural (p. 337).

La película más violenta

Bárbara era la directora de una película. Era una película de acción en la cual había muchos desastres. Había muchos efectos especiales. El primer día hubo una escena con un huracán. El segundo día tuverion una escena con una erupción. El tercer día, empezó la violencia: 987 monstruos atacaron a la heroína. Todo menos los monstruos estaba basado en eventos reales.

La heroína era una científica que había descubierto que los monstruos eran extraterrestres. La científica empezó a capturar a todos los extraterrestres. Más tarde, los mató. Al final hubo 987 víctimas. Todas fueron decapitadas.

Un crítico del periódico local dijo que era la película más violenta que había visto. El autor del comentario dijo que la directora era excelente y que los actores actuaron bien. Pero también escribió que la violencia era muy exagerada porque había efectos especiales muy buenos. El crítico dijo que era una película típica del verano. Dijo que a todos les fascina la violencia. Recomendó la película solamente a la gente a quien le gustan las películas extremadamente violentas. También dijo que era interesante que las películas internacionales nunca eran tan violentas como las películas de los Estados Unidos.

Al día siguiente, la policía encontró a una víctima de un crimen. La víctima les dijo a los policías que un chico la había atacado y que le había robado 20 dólares. El chico le había dicho a la mujer que ella era extraterrestre y trató de cortarle la cabeza. La policía investigó el crimen. Arrestó a un criminal de 16 años. Un detective le dijo al reportero del periódico local que, después de mirar la película, un chico de 16 años quiso matar a los extraterrestres. El reportero del periódico escribió un artículo sensacionalista y sacó fotos. Las fotos eran más sensacionalistas que el artículo porque a todo el mundo le fascina el sensacionalismo. Todo lo que hizo el chico estaba basado en la película.

La directora de la película leyó el artículo y se puso muy agitada. Decidió que no quería ser directora de películas violentas. Decidió trabajar en un programa de compras. Ahora vende zapatos usados de personas famosas en la televisión durante la madrugada.

6B Personalized Mini-Situation A

Read A primera vista (pp. 320–321). Read Videohistoria (pp. 322–323) and watch El mosquito. Read Fondos culturales (pp. 318, 332, 334).

Vocabulary

alquiló
Mime giving money and taking a movie.

El argumento se trataba de…
Mime retelling a film plot with lots of grand gestures.

La actuación era peor que la dirección.
Gesture disgust / gagging.

será
Sing "Que será, será. Whatever will be, will be."

Personalized questions and answers

1. ¿Cuál es la peor película que has visto en tu vida? ¿Era mala porque la actuación era mala o porque la dirección era mala o porque la dirección era mala? ¿Quién es tu estrella favorita de cine? ¿Prefieres mirar películas con tu estrella favorita aun cuando la dirección es mala?
2. ¿Prefieres alquilar películas o verlas en el cine?
3. ¿Has devuelto una película sin verla toda porque la actuación era tan mala?
4. ¿Qué película será la mejor de este año? ¿Quién será la mejor actriz este año? ¿Quién será el mejor actor? ¿Y el mejor director?

Personalized mini-situation

L1: (Nueva York) *[Boy's name]* quería ser director de películas. Era el nieto de un director famoso en Nueva York. Dirigió una película y fue a Nueva York. Fue a la casa de su abuelo famoso para mostrarle su película. El argumento se trataba de dos personajes que salvan delfines. El abuelo la miró pero la actuación era mala. Le dijo a *[boy]* que era terrible. Dos veces *[boy]* regresó a Nueva York con películas para mostrarle a su abuelo. Cada vez el abuelo le dijo que la actuación era peor que la dirección.

L2: (la tienda de videos) Por fin, *[boy]* fue a *[name of video store]* y alquiló una película que se llama *[best and most famous movie of all time]*.

L1: (Nueva York) Fue a Nueva York con la película que había alquilado. Le dijo a su abuelo que había dirigido la película. El argumento se trataba de *[plot of famous movie]*. El abuelo le dijo que la dirección era peor que la actuación y que la película era terrible. Por fin *[boy]* entendió que a su abuelo famoso nunca iba a gustarle ninguna de sus películas.

Ask the story

L1: (Nueva York) ¿*[Boy]* quería dirigir una película o una obra de teatro? ○ ¿Era el nieto de quién? ¿De un director famoso en Nueva York? ¿Fue a Nueva York con su película? ¿Fue a la casa de su abuelo famoso? ¿De qué **se trataba el argumento**? **¿El argumento se trataba de dos personajes que salvan delfines o que salvan ratones?** ○ ¿El abuelo miró la película? **¿La actuación** era mala o buena? ○ ¿Le dijo al nieto que la película era terrible o le dijo que era magnífica? ¿*[Boy]* regresó a Nueva York dos veces con películas para su abuelo? ¿Cada vez su abuelo le dijo que **la actuación** era peor que **la dirección** o **cada vez** le dijo que **la actuación** era peor que el chocolate? ○

L2: (la tienda de videos) Por fin, ¿adónde fue *[boy]*? ¿Fue a *[name of video store]*? ¿Qué **alquiló**? **¿Alquiló** una película o un **yate**? ○ ¿Qué película **alquiló**? ¿La mejor película de todas?

L1: (Nueva York) ¿Adónde fue con la película que **había alquilado**? ○ ¿Fue a Nueva York con la película que **había alquilado**? ¿Le dijo a su abuelo que había dirigido la película? ¿De qué **se trataba el argumento**? ¿Qué le dijo el abuelo? ¿Le dijo que la **dirección** era peor que **la actuación**? ¿Le dijo que la película era terrible? ¿Por fin *[boy]* entendió que a su abuelo famoso **nunca** le iba a gustar ninguna de sus películas? ¿Qué **será** *[boy]* ahora? **¿Será** actor? ¿Quién **será** actor? ¿Dónde **será** actor? **¿Será** bobo? ¿Cómo **será** bobo? **¿Será** una estrella?

Hooks: Decidió ser actor / bobo / entrenador de elefantes.

6B Personalized Mini-Situation B

Vocabulary

estaba enamorada de
Flutter hands over heart.
El galán era un fracaso en el amor.
Point, and say "¡Fracaso!"
¿Has visto...?
Look right, look left, look right.

Personalized questions and answers

1. ¿Quién siempre ha fracasado en el amor? ¿Quién es el fracaso más grande de todos en el amor? 2. ¿Cuántas películas has visto este año? ¿Has visto todas las mejores películas del año? ¿Has visto más películas o ladrones? ¿Quién no ha visto una película este año? ¿De qué se trataba tu película favorita? ¿De qué se trataba la peor película de todas?
3. ¿De qué se trataba *Romeo y Julieta*? ¿De quién estaba enamorado Romeo? ¿El galán estaba enamorado de un fracaso en el amor? ¿Julieta también era un fracaso en el amor? ¿De quién estaba enamorada Julieta?

Personalized mini-situation

L1: (Australia) Una chimpancé que viajaba mucho era un fracaso en el amor. Siempre se enamoraba de diferentes animales. Nunca se enamoraba de otros chimpancés. Cuando estaba enamorada de un canguro en Australia, trató de hablar con el canguro, pero ella solamente hablaba chimpancé. El canguro siempre saltaba y desaparecía. La chimpancé lo buscaba y les preguntaba a otros animales: "¿Han visto al canguro?" La chimpancé era un fracaso en el amor.

L2: (Patolandia) Cuando estaba enamorada de un pato en Patolandia, trató de hablarle, pero le habló en chimpancé. El pato había tomado clases de chimpancé, pero era un fracaso en estudiar lenguas. El pato voló y desapareció. La chimpancé lo buscó. Les preguntó a los otros patos: "¿Han visto a mi patito?" La chimpancé fracasó en el amor otra vez.

L3: (Francia) Cuando estaba enamorada de un galán en Francia, trató de hablar con el galán, pero el galán no la entendió porque él solamente hablaba francés. La chimpancé fue un fracaso en el amor otra vez. Por fin, alquiló un video que se llamaba *Cómo tener éxito en todo*. Miró la película 432 veces. Era un fracaso en el amor, pero tenía mucho éxito en mirar películas.

Ask the story

L1: (Australia) Una chimpancé que viajaba mucho... ¿adónde viajaba? ¿Era **un fracaso**? ¿**Un fracaso** en qué? ○ ¿Era **un fracaso** en el **amor** o en el fútbol? ○ ¿De quién **se enamoraba**? ¿**Se enamoraba de** otros chimpancés o de diferentes animales? ○ ¿Nunca **se enamoró de** otros chimpancés? ¿Por qué **no se enamoraba** de otros chimpancés? ¿**Se enamoró de** un canguro? ¿De dónde? Cuando **estaba enamorada** de un canguro en Australia, ¿trató de hablar con el canguro? ¿Cómo? ¿En canguro o en chimpancé? ¿El canguro hablaba chimpancé? ¿El canguro siempre saltaba y desaparecía o besaba a la chimpancé? ¿La chimpancé buscaba al canguro? ¿Cómo? ¿Les preguntaba a los otros animales: "**¿Han visto** al canguro?"? ¿La chimpancé era un fracaso en el **amor**? ○

L2: (Patolandia) Luego, ¿de quién **se enamoró** la chimpancé? ¿**Se enamoró de** un pato? ¿Dónde vivía el pato? Cuando **estaba enamorada de** un pato en Patolandia, ¿trató de hablarle o de besarlo? ○ ¿Le habló al pato en chimpancé? ¿El pato había tomado clases de chimpancé? ¿Había tomado clases de chimpancé o había tomado clases de vuelo? ○ ¿Era un fracaso en estudiar lenguas? ○ ¿El pato voló y desapareció también? ¿Qué les preguntó la chimpancé a los otros patos? ¿Les preguntó: "**¿Han visto** a mi patito?"o: "**¿Han visto** otra vez? a un elefante?"? ¿La chimpancé fue **un fracaso en el amor** otra vez? ○

L3: (Francia) ¿De quién **se enamoró** después la chimpancé? ¿De un perro o de **un galán**? ¿De dónde era el galán? Cuando **estaba enamorada de un galán** en Francia, ¿trató de hablar con **el galán**? ¿**El galán no la entendió**? ¿Por qué? ¿El solamente hablaba francés? ¿La chimpancé fue un fracaso en **el amor** otra vez? ○ Por fin, ¿qué **alquiló**? ¿**Alquiló** un video? ¿Qué video **alquiló**? ¿Cómo se llamaba la película que **alquiló**? ○ ¿Cuántas veces miró la película? ¿Era un **fracaso** en mirar películas o tenía éxito? ○

Hooks: ¿**Has visto** la película *Cómo tener éxito en todo*? ¿Cómo es?

6B Personalized Mini-Situation C

Read Fondos culturales (pp. 325, 326).

Vocabulary

hizo el papel de
Put on a hat as if you're playing a part.

No se ha enamorado todavía.
Big dramatic sigh.

El personaje principal nunca tuvo éxito en el amor.
Hang head with hands over heart.

Personalized questions and answers

1. ¿Cuándo tú te enamoras, ¿tienes éxito? ¿Has visto muchas películas en las cuales todos los personajes principales tienen éxito en el amor?
2. ¿Quién hizo el papel del héroe en tu película favorita? ¿Quién hizo el papel de la heroína? ¿Cómo era la actuación?
3. ¿Puedes pensar en una película en la cual el personaje principal nunca ha tenido éxito en el amor, o el personaje principal no se ha enamorado todavía, pero los actores que hacen los papeles son muy guapos y populares? ¿Es difícil creer que actores tan guapos nunca han tenido éxito en el amor?

Personalized mini-situation

L1: (la casa del actor) Hay un actor que tiene un problema. No se ha enamorado todavía. Quiere enamorarse pero nunca tiene éxito en el amor. Tiene que hacer el papel de un hombre muy guapo que tiene que enamorarse de la heroína.. Los personajes principales tienen que enamorarse a primera vista. El primer día, se encuentra con la actriz. Ella es una estrella de cine, pero el actor no se enamora de ella. Es un gran problema. No puede hacer el papel de una persona enamorada.
L2: (Caracas) El actor va a Caracas porque ha oído que hay una experta en el amor allí. Cuando llega, le pide ayuda a la experta. La experta le dice, "Es muy simple. Solamente tienes que actuar como si estuvieras enamorado". Pero el actor no lo puede hacer porque nunca se ha enamorado.
L3: (Hollywood) Por eso, va a Hollywood a ver a *[actress]*. La actriz le dice: "Solamente tienes que mirar 873 películas románticas".
L1: (la casa del actor) El actor regresa a su casa y mira todas las películas románticas. Todos los personajes principales tienen éxito en el amor. El próximo día ve a la estrella y se enamora a primera vista.

Ask the story

L1: (la casa del actor) ¿Quién no **se ha enamorado** todavía? ¿Es un problema? ¿**Quiere enamorarse**? ¿De quién quiere **enamorarse**? ○ ¿Tiene éxito? ¿Cuántas veces tiene éxito? ¿Tiene éxito una vez o nunca tiene éxito? ○ ¿**Hace el papel** de un hombre guapo o feo? ○ ¿Tiene que **hacer el papel** de un hombre que **se enamora** o tiene que **hacer el papel** de un hombre que nunca se **ha** enamorado? ○ ¿Los personajes principales tienen que **enamorarse** a primera vista? ¿**Se** encuentra con la actriz? ¿Ella es **una estrella**? ¿**Se enamora** o no **se enamora** de ella? ○ ¿Es un gran problema? ¿Puede **hacer el papel** de una persona **enamorada** o no lo puede hacer? ○

L2: (Caracas) ¿Adónde va el actor? ¿**Ha oído** hablar de una experta en el amor? ¿Por qué es una experta? ¿Le pide ayuda a la experta? ¿Qué le dice ella? ¿Le da información buena o mala?

L3: (Hollywood) ¿Adónde va el actor para obtener mejores consejos? ¿Va a ver a *[actress]* en Hollywood? ¿Qué **le recomienda** ella? ¿Que mire películas románticas o que **se enamore** de una persona real? ○ ¿Cuántas películas? ○

L1: (la casa del actor) ¿El actor regresa a su casa y mira todas las películas románticas? ¿Todos los personajes principales tienen éxito cuando se enamoran? ¿El próximo día ve a **la estrella**? ¿Todavía no se enamora de ella o se enamora a primera vista? ○

Hooks: La actriz no se enamora del actor.

6B Extended Reading

Read Perspectivas del mundo hispano (p. 338).

Manuela y Manuel

Manuela ha tenido mucho éxito en la universidad porque es muy inteligente y fuerte. No se ha enamorado todavía. Solamente quiere estudiar. Quiere dirigir una película muy importante que se trata de una heroína independiente y que tiene un argumento intelectual. También quiere hacer el papel de la heroína. Será una estrella famosa.

Manuela se encuentra con un galán que se llama Manuel. Es muy guapo y rico y se enamora de ella a primera vista. Él la invita a ver una película. "¿Prefieres alquilar una o ir al cine?", le pregunta. Como Manuela ya ha alquilado todas las películas y ha visto todas las películas en el cine, no le importa. Deciden ir al cine. "¿Qué tal es *Romance de amor?*" pregunta Manuel. Manuela le responde que la directora ha hecho una película muy linda que se trata de una heroína independiente. Ha basado el personaje principal en una mujer de la vida real. A Manuel no le gustan las películas con mujeres independientes pero le fascinan los efectos especiales.

Los dos van a ver una película de acción en la cual el galán monta a caballo, captura y arresta a 16 criminales y rescata a las víctimas. A Manuel le gusta. Manuela cree que ha visto mejores. La actuación y la dirección fueron malas. No había ni un papel bueno para mujeres. El argumento era tonto. La película parece un fracaso total, pero a los críticos les gusta mucho porque hay mucha violencia y la recomiendan.

Pero hay un problema. La madre de Manuel le dice a su hijo que Manuela es una ladrona y que la ha visto robando un collar. ¡Manuel se lo cree! Manuel molesta a Manuela. Le escribe cartas y se esconde detrás de un árbol para tirarle papelitos.

Manuela participa en un programa de concurso. Gana tres millones de dólares en el concurso "¿Quién es la más inteligente?". Decide que quiere usar el dinero para dirigir una película que ha escrito.

Por fin, Manuel encuentra el collar en la casa de su madre. La madre admite que ha cometido un gran error. Manuel decide que se ha enamorado de Manuela. Le dice: "¡Te amo! ¡Lo siento!"

Para su próxima película, Manuela le dice a Manuel que necesita a alguien para ayudarla a cambiarse los calcetines sucios cada mañana. Tres años más tarde no se han casado. No se han besado todavía. Manuela ha llegado a ser la directora más famosa del mundo. Todos los días Manuel le cambia los calcetines sucios. Manuel ha fracasado en el amor, pero Manuela ha tenido mucho éxito como directora y estrella del cine.

Tema 7

Buen provecho

© Pearson Education, Inc.

7A Cognate Reading

Read Fondo cultural (p. 358). Read ¡Adelante! Lectura (pp. 364-365).

La comida deliciosa puede ser peligrosa

La cocinera más famosa de todo el mundo, Yaya, cocinaba sus recetas secretas en "El restaurante elegante de España". Un día, la familia Garza entró en el restaurante. Su camarero se llamaba Desordenado. El abuelo pidió tapas. Desordenado regresó a la cocina y le pidió a Yaya "papas". Yaya peló las papas, las preparó con un poco de vinagre y queso y las cocinó al horno. Luego, sacó salsa fresca del refrigerador y la mezcló con las papas y un poco de limón. Todo era fresco.

Cuando Desordenado regresó a la mesa, la familia se sorprendió porque, aunque eran papas muy deliciosas, no eran tapas normales. La familia pidió comida. La abuela quería una ensalada de frutas sin melones. "No me sirva melones, porque soy alérgica", le dijo a Desordenado. La madre le pidió camarones y mariscos y dijo: "No ponga ni mantequilla ni aceite en ellos, por favor. No quiero comer muchas calorías".

El padre quería pollo sin huesos. El niño pidió un perro caliente y caldo. El abuelo dijo: "No me traiga nada". El abuelo estaba haciendo una dieta especial y no podía comer ni carbohidratos ni proteínas.

Desordenado regresó a la cocina y le dijo a Yaya que necesitaba galletas, melones y unos camarones con mantequilla. También pidió pollo con huesos extra y un perro calvo.

Entonces, Yaya preparó una ensalada de fruta con muchos melones y galletas. Encendió el fuego en la estufa y cocinó camarones en una olla. Tenía una receta para camarones en mantequilla. Batió la mantequilla con el ajo y los añadió. Mezcló una cucharada de pimienta con dos cucharadas de chile, las añadió al pollo y lo cocinó todo al horno. Cuando terminó, apagó el horno y añadió más huesos al plato para el hombre raro que quería más huesos en el pollo. También preparó un perro calvo. No tenía una receta para perro calvo. Por eso, preparó un perro caliente sin pan. Por fin, Desordenado regresó a la cocina. Puso el pollo en el microondas porque ya no estaba caliente. Le sirvió la comida a la familia. Toda la familia se comió esa comida extraña. Era la comida más deliciosa que habían probado en toda su vida. Pero pocos minutos después, la abuela no podía respirar bien porque había comido melones. El papá tosía y tosía porque tenía un hueso en la garganta.

Desordenado llamó a una ambulancia y dijo: "Es el restaurante Elegante de España otra vez. Tenemos más víctimas". Al día siguiente, cuando la familia salió del hospital, todos tenían hambre. Decidieron regresar al restaurante Elegante porque allí habían comido la comida más deliciosa de toda su vida.

7A Personalized Mini-Situation A

Read A primera vista (pp. 348–349). Read Videohistoria (pp. 350–351) and watch ¿Cómo se hace la paella? Read Fondo cultural (p. 346).

Vocabulary

No te olvides de calentar la comida congelada.
Take food from freezer and set on stove.

No comas chiles frescos.
Mime taking a bite and screaming.

Pica las papas antes de freírlas.
Mime slicing potatoes, then lowering basket of fries into vat of oil.

Personalized questions and answers

1. ¿Cocinas o calientas comida? ¿Qué puedes calentar? ¿Prefieres comida congelada?

2. ¿Te gustan los chiles en la comida? ¿Te gustan los chiles frescos?

3. ¿Te gustan las papas fritas? ¿Tienes que picar las papas para hacer papas fritas? ¿Te gusta toda la comida frita? ¿Los tomates fritos? ¿La ensalada frita? ¿Qué clase de comida te gusta frita?

Personalized mini-situation

L1: (la cocina) Dos padres dejan a su hijo con una niñera por la noche. La mamá le dice a la niñera: "No te olvides de calentar la comida congelada. También tienes que picar las papas y freírlas". Los padres salen y la niñera empieza a picar las papas. Enciende el fuego en la estufa para calentar la comida congelada. La niñera fríe las papas. Hay un problema. La mamá ha dejado chiles en la mesa. El niño agarra los chiles y se los pone en la boca. "¡Ay! ¡No comas chiles frescos!" Pero el niño no escucha. Se come el chile fresco. En un minuto está llorando y gritando. La niñera apaga el fuego en la estufa. Le lava las manos y los ojos al niño, pero él todavía llora. La niñera le da agua al niño. Todavía llora. La niñera y el niño salen de la casa y caminan a la casa de la abuela de la niñera.

L2: (la casa de la abuela) La abuela es una experta en chiles. Le da leche y pan al niño. El niño deja de llorar. Ahora sonríe. Invita a la abuela a comer en su casa. Cuando los padres regresan a la casa, ven que la niñera no ha calentado la comida congelada que habían dejado en el fregadero para el niño. Ven que la niñera ha dejado chiles en la mesa. Piensan que es una niñera muy irresponsable.

Ask the story

L1: (la cocina) Dos padres dejan a su hijo con una niñera por la noche. ○ ¿Con quién lo dejan? ¿Cuánto tiempo lo dejan? ○ ¿La mamá le dice a la niñera: "**No te olvides de calentar** la comida congelada"? ○ ¿Le dice: "**No te olvides de calentar** la comida congelada" o "**No te olvides de calentar** la comida **frita**"? ¿Quién dice: "**No te olvides de…**"? ¿La mamá o el papá dice: "**No te olvides de…**"? ○ ¿Qué más tiene que hacer la niñera? ¿Qué tiene que **picar**? ¿Tiene que **picar** las papas o tiene que **picar** los chiles? ¿Están **congeladas** las papas? ○ **¿Enciende el fuego** en **la estufa?** ○ ¿La niñera **fríe** las papas? ○ ¿Qué **ha dejado** la mamá en la mesa? ¿Chiles o un cuchillo grande? ¿Qué hace el niño con los chiles? ¿Se los pone en la boca? ¿Qué dice la niñera? ¿Dice: "**No comas** chiles **frescos**" o dice: "**No te comas** el cuchillo"? ○ ¿El niño come los chiles **frescos**? ¿Se come los chiles o **fríe** los chiles? ¿El niño está muy contento en un minuto? ¿Está llorando y gritando? ¿La niñera **apaga el fuego en la estufa**? ¿Le lava las manos y los ojos al niño, o le lava los pies? ¿El todavía llora? ¿Qué hace la niñera entonces? ¿**Calienta** la comida **congelada**? ¿**Pica** las papas? ¿Le da agua al niño? ¿El niño llora todavía?

L2: (la casa de la abuela) ¿Adónde van la niñera y el niño? ¿Salen de la casa y caminan a la casa de la abuela de la niñera? ¿La abuela es una experta en chiles o en cuchillos? ¿Le da leche y pan al niño? ¿El deja de llorar? ¿Invita a la abuela a comer en su casa? Cuando los padres regresan a la casa, ¿qué ven? ¿La niñera **ha calentado** la comida **congelada**? ○ ¿La niñera **ha dejado** chiles en la mesa? ○ ¿Ven que la niñera **ha dejado** chiles en la mesa? ○ ¿Piensan que es una niñera muy irresponsable?

Hooks: La policía arresta a la niñera porque raptó al niño. / Ahora al niño le gustan los chiles y siempre los come con papas fritas congeladas.

Read Fondo cultural (pp. 352, 355).

Vocabulary

No dejes los camarones en el microondas.
Mime looking inside a microwave.
¿Cómo se hacen los camarones al ajo?
Raise hands and shrug shoulders.
¿Con qué se sirven los camarones enlatados?
Hold up can of canned goods and look quizzical.
No hagas preguntas tontas.
Look impatient.

Personalized questions and answers

1. ¿Alguna vez has dejado comida en el microondas más de un día? ¿Qué hiciste cuando encontraste la comida al día siguiente? ¿Qué te dijeron tus padres?
2. ¿Cómo se hacen los camarones al ajo? ¿Cómo se hacen los espaguetis? ¿Cómo se hacen las palomitas?
3. ¿Te gusta la comida enlatada? ¿Qué clase de comida enlatada? ¿Con qué se sirve la comida enlatada?

Personalized mini-situation

L1: (la cocina de Pamela) Pamela tiene un problema. No sabe cocinar. Mira un programa en la televisión que se llama: "No seas tonto. Cocina sin recetas". Pamela prepara la comida que ve en el programa, pero cuando prueba la comida, sabe a pies sucios.
L2: (la cocina del experto) Por fin, habla con un experto que se llama [celebrity chef]. "¿Cómo se hacen los camarones al ajo?", le pregunta al experto. Preparan los camarones juntos. Pamela pone camarones congelados en el microondas. "No dejes los camarones en el microondas. Los camarones congelados son malos", le dice [celebrity chef]. Pamela pone camarones enlatados en una olla y los calienta. "No calientes los camarones. Los camarones enlatados son malos", le dice [celebrity chef]. [Celebrity chef] le da a Pamela unos camarones frescos. Tan frescos que todavía están vivos. Pamela pregunta: "¿Con qué se sirven los camarones?"
El experto le dice: "No hagas preguntas tontas. Con una cuchara". Ahora Pamela puede cocinar. Su receta más famosa es "Camarones vivos con cuchara".

Ask the story

L1: (la cocina de Pamela) ¿Sabe cocinar Pamela? ¿Sabe hervir el agua? ○ ¿Mira un programa en la televisión? ¿Cómo se llama? ¿Pamela prepara la comida del programa? Cuando la prueba, ¿cómo es? ¿Sabe a pies sucios?
L2: (la cocina del experto) ¿Con quién habla Pamela? ¿Cómo se llama el experto? ¿Qué le pregunta Pamela al experto? ¿Le pregunta: "¿Cómo se hacen los camarones al ajo?" o le pregunta: "¿Cómo se baila el tango?"? ○ ¿Preparan los camarones juntos o bailan el tango juntos? ○ ¿Pamela pone los camarones congelados en el microondas o en el fregadero? ○ ¿Qué le dice el experto? ¿"No dejes los camarones en el microondas. Los camarones congelados son malos" o le dice: "No bailes así"? ○ ¿Pamela pone camarones enlatados en una olla o en una sartén? ○ ¿Los calienta o los fríe? ○ ¿Quién dice: "No calientes los camarones. Los camarones enlatados son malos"? ¿Quién cree que los camarones enlatados son malos? ¿Qué crees tú? ¿Qué le da el experto a Pamela? ¿Le da camarones frescos o chocolate? ○ ¿Quién le da camarones frescos? ○ ¿Son muy frescos o un poco frescos? ¿Tan frescos que todavía están vivos? ¿El experto le da camarones vivos o frescos? ○ ¿Qué le pregunta Pamela? ¿Le pregunta: "¿Con qué se sirven los camarones?"? ○ ¿Cómo le pregunta: "¿Con qué se sirven los camarones?"? ○
¿El experto le dice: "No hagas preguntas tontas. Con una cuchara" o le dice: "No hagas preguntas tontas. Con crema de cacahuate"? ○ ¿Cómo le dice: "No hagas preguntas tontas"? ¿Quién se lo dice? ¿El experto o una actriz famosa? ○
¿Ahora Pamela sabe cocinar? ¿Qué sabe cocinar? ¿Cuál es su receta más famosa? ¿Su receta más famosa es "Camarones vivos con cuchara" o "Camarones con crema de cacahuate"?

Hooks: Sus otras recetas famosas son "Gusanos en mantequilla", "Camarones enlatados con una cuchara"....

7A Personalized Mini-Situation C

Vocabulary

No hables con comida en la boca.
Chew with mouth open.
No vayas a un restaurante.
Point toward restaurant.
No escribas la receta.
Mime writing recipe.
No le des la receta a nadie.
Guard recipe close to body.

Personalized questions and answers

1. ¿Hablas a veces con comida en la boca? ¿Qué dicen tus padres cuando hablas con comida en la boca? ¿Te parece bien educada una persona que habla con comida en la boca?

2. ¿Comes en un restaurante a veces? ¿Hablas con comida en la boca cuando comes en un restaurante elegante?

3. ¿Tu familia tiene una receta secreta? ¿Puedes compartir la receta con tus amigos? ¿Qué dice tu mamá si escribes la receta secreta?

Personalized mini-situation

L1: (la casa) Dos hermanos van a la casa de sus padres. El problema es que los hermanos tienen cuarenta y cinco años y treinta y nueve años y sus padres los tratan como si fueran jóvenes. Cuando los hermanos llegan a la casa de sus padres los ayudan a preparar la comida. La mamá le dice a la hija: "Es una receta secreta de la familia. No escribas la receta. No le des la receta a nadie". Es una receta muy mala. La mamá les dice que puede preparar recetas mejor de memoria. Cuando comen, los padres le gritan al hijo: "¡No hables con comida en la boca!" Por fin, la hija se levanta de la mesa y les dice: "Voy a un restaurante". La hija sale y los padres le gritan: "¡No vayas a un restaurante!" El hijo se levanta también y dice: "Voy a un restaurante también". Los padres gritan otra vez: "¡No vayas a un restaurante!" Los padres no comprenden por qué salen sus hijos. Son muy maleducados. Tienen padres muy malos.

Ask the story

L1: (la casa) ¿Adónde van los hijos? ¿Cuántos años tienen? ¿Cómo los tratan sus padres? ¿Como si fueran jóvenes o como si fueran abuelos? ○ ¿A qué hora llegan a la casa de sus padres? ¿Los ayudan a sus padres a preparar la comida? ○ ¿Cómo los ayudan? ○ ¿Qué le dice la mamá a la hija? ¿Le dice: "Es una **receta** secreta de la familia"? ○ ¿Es una buena o mala **receta** de la familia? ○ ¿La mamá le dice: "**No escribas** la receta"? ¿Quién lo dice: "**No escribas** la receta"? ○ ¿Por qué no quiere que escriba la receta? ¿Porque es una receta secreta? ¿Le dice: "**No le des la receta a nadie**"? ○ ¿Es una **receta** muy mala? ¿Su mamá les dice que es mejor o peor preparar recetas de memoria? ○ Cuando comen, ¿qué le gritan los padres al hijo? ¿ "**No hables** con comida en la boca"? ○ ¿Por qué le dicen: "**No hables** con comida en la boca"? ○ ¿Quién le dice: "**No hables** con comida en la boca"? ○ ¿Le dicen: "**No hables** con comida en la boca" o le dicen: "**No cantes** con la mano en la boca"? ○ ¿Cómo le dicen? Por fin, ¿la hija se levanta de la mesa? ¿Cómo? ¿Quién dice: "Voy a un restaurante"? ¿La hija **sale**? ¿Qué **le** gritan los padres? ¿ "**¡No vayas** a un restaurante!" o "**¡No vayas** a Las Vegas!"? ○ ¿Quiénes le gritan: "**¡No vayas** a un restaurante!"? ○ ¿El hijo se levanta y sale también? ¿Los padres gritan otra vez: "**¡No vayas** a un restaurante!"? ○ ¿Los padres comprenden por qué salen sus hijos? ¿Son muy maleducados? ¿Por qué? ¿Tienen padres muy malos?

Hooks: Los padres corren por la calle gritándoles a los hijos que deben atarse los zapatos / que no deben correr tan rápido.

7A Extended Reading

Read **La cultura en vivo** *(p. 366).*

Patricia Pamplona y la cena perfecta

Patricia Pamplona vive en Barcelona. Tiene un novio fabuloso que se llama Pepe Pablo Paco III y lo quiere muchísimo. Lo invita a cenar a las ocho. Patricia quiere preparar una cena espectacular para su novio. Pero solamente sabe calentar comida enlatada o congelada en el microondas. Su abuela, Yaya, es una cocinera muy famosa en el restaurante Elegante de España. "No comas comida congelada", dice Yaya. "No prepares comida mala para tu novio. Déjame ayudarte".

Patricia Pamplona empieza a preparar una salsa con pedazos grandes de ajo y tomates enlatados. Su abuela le dice, "Se puede picar el tomate primero y usar tomates frescos". Patricia pica los tomates, pero no pela el ajo.

La abuela le dice: "No dejes el ajo en la salsa así. Debes pelarlo primero". Patricia pela el ajo. Mezcla las cáscaras en la salsa y tira el ajo a la basura. La abuela le dice: "¡No tires el ajo a la basura! ¡Ponlo en la salsa!"

Yaya prueba la salsa. "No olvides los chiles, Patricia". Patricia añade chiles, pero se olvida de picarlos. También añade una cucharada de vinagre.

"¿Con qué se sirve la salsa, Yaya?" Yaya le responde: "No hagas preguntas tontas". Patricia Pamplona abre una bolsa de papas fritas.

Patricia Pamplona también quiere preparar una sopa. Saca una sartén y empieza a freírla con aceite. "¿Cómo se hace sopa?" le pregunta a Yaya. Yaya la ayuda a hacer un caldo en una olla. Cuando hierve, añade pollo. Patricia quiere freír el pollo primero, porque el pollo frito es su plato favorito. "No se puede freír el pollo para la sopa de pollo", dice Yaya. "No comas comida frita. Es mala".

Patricia le dice: "No te vayas, Yaya. Necesito tu ayuda". Yaya dice: "No te olvides, Patricia, que es muy importante tomar una siesta antes de comer".

A las seis y media, Patricia Pamplona toma una siesta. Yaya tira toda la comida a la basura y rápidamente prepara una cena nueva. Cuando el novio de Patricia Pamplona llega a las ocho, Patricia Pamplona le sirve una cena sabrosa. Pepe Pablo Paco III le dice que es perfecta. Se enamora y cuando, de rodillas, Pepe Pablo Paco III le pide la mano a Patricia Pamplona, ella lo acepta. Se casan, y por el resto de sus vidas cenan cada noche en el restaurante Elegante de España.

7B Cognate Reading

*Read **Perspectivas del mundo hispano** (p. 392). Read **Fondos culturales** (pp. 378, 387).*

Un picnic en el parque

Melisa es de Argentina pero está viviendo en los Estados Unidos por un año. Un día recibió una invitación a un picnic al aire libre con algunos amigos. Su amigo Brian la invitó. Brian les dijo a todos los invitados: "Por favor, traigan algo de comer para compartir".

Jill, una amiga de Brian, iba a acompañar a Melisa al picnic. Por eso, Melisa la llamó por teléfono. En Argentina, las familias se reúnen los domingos para hacer parrilladas durante varias horas al aire libre. Son parrilladas mixtas con varios cortes de carne, una variedad de chorizo, salchichas y otras cosas más. Pero Jill le explicó que no iban a hacer una parrillada en el parque.

—¿Tienes aguacates? —preguntó Jill— Sugiero que traigas guacamole, porque tú preparas un guacamole excelente.

Pero Melisa no quería preparar guacamole. Decidió pensar afuera de la casa. Dio una caminata a la casa de una vecina, Elsa. Elsa es mexicana. Le dijo a Melisa, "Ud. puede traer algo con frijoles y tortillas de maíz o harina. Traiga mucho, porque a todos les gusta mucho esa comida".

Pero Melisa no quería traer ni frijoles ni tortillas de maíz o harina. Pobre Melisa. Todavía no tenía ninguna idea de lo que iba a traer. Buscaba ingredientes por toda la cocina. Sólo encontró mayonesa, melones y salsa de tomate. Por fin tuvo una idea perfecta.

Melisa salió para el picnic con Jill. Era un día perfecto para un picnic. No había nubes en el cielo. El parque estaba lejos del centro, así que fueron en autobús. En el parque había muchas familias comiendo, riendo y jugando. Se sentaron en unas piedras y pusieron la comida en el suelo. Todos sacaron la comida. Inmediatamente vinieron hormigas y moscas. Dentro de poco, iban a tener hormigas en toda la comida.

Melisa abrió su bolsa y sacó dos cosas: una manta muy grande y un matamoscas. "Pónganla en el suelo," les dijo Melisa a los otros, y empezó a matar moscas. Todos rieron y se sentaron en la manta. Fue un picnic perfecto.

Photocopy for students.

© Pearson Education, Inc.

7B Personalized Mini-Situation A

Read *A primera vista* (pp. 374–375). Read *Videohistoria* (pp. 376–377) and watch *Un día al aire libre. Read Fondos culturales* (pp. 372, 381).

Vocabulary

picante
Mime breathing fire.
a la parrilla
Mime turning meat on a grill.
el sabor dulce
Touch the tip of your tongue—where the flavor "sweet" is tasted.
el olor
Sniff.

Personalized questions and answers

1. ¿Cuáles son los olores mejores? ¿Cuáles son los olores mejores en cuanto a la comida? ¿Huele bien la comida a la parrilla?

2. ¿Cuáles son los sabores dulces mejores? ¿Cuál es el sabor más dulce? ¿Prefieres el olor del chocolate o el olor de la carne?

3. ¿Prefieres comida picante o comida dulce? ¿Cuáles son las comidas picantes mejores? ¿Cuáles son las comidas dulces mejores?

Personalized mini-situation

L1: (un restaurante) Había un estudiante que tenía la nariz muy, muy grande. Cuando quería comida picante, simplemente seguía el olor picante a un restaurante mexicano. Cuando quería carne asada a la parrilla, simplemente seguía el olor a carne asada para encontrar un restaurante americano. Cuando quería un sabor dulce, simplemente seguía el olor a una tienda de chocolates. "Tenga cuidado", le dijo una vez un cocinero en un restaurante. "Algún día, va a comer algo con un olor bueno y un sabor malo".

L2: (el zoológico) Un día, olió un olor dulce. Olió un olor bueno. Caminó porque quería un sabor dulce. Tenía hambre. Olió plátanos. Olió muchos plátanos. Tenía hambre. Le gustaba la fruta. Tenía mucha hambre. Cuando llegó, vio a muchos monos comiendo plátanos. El chico se puso muy triste. No quería comer con monos.

Ask the story

L1: (un restaurante) ¿El estudiante tenía la nariz normal o muy grande? ○ ¿Cómo olía con la nariz? ○ ¿Quería comida picante? ○ Cuando quería comida picante, ¿qué hacía? ¿Olía? ¿En cuál dirección olía? ¿Olía al norte? ○ ¿Adónde iba? ¿Cómo iba? ¿Seguía el olor o seguía una nube? Cuando quería comida a la parrilla, ¿adónde iba? ○ ¿Cómo iba? ¿Seguía el olor o seguía al cocinero? Cuando quería un sabor dulce, ¿adónde iba? ○ ¿Cómo iba cuando quería un sabor dulce? ○ ¿Qué le dijo el cocinero en un restaurante? ¿Qué iba a comer el estudiante algún día? ¿Iba a comer algo con un olor bueno y un sabor malo? ¿Iba a comer algo con un sabor bueno y un olor malo?

L2: (el zoológico) ¿Qué olió un día? ¿Olió un olor dulce o un olor malo? ¿Caminó? ¿Cómo caminó? ¿Adónde caminó? ○ ¿Caminó hacia el olor? ¿Tenía hambre? ¿Tenía hambre de qué? ¿Qué olió? ¿Qué vio? ¿Vio algo con sabor dulce? ¿Vio plátanos o chiles? ¿Alguien se comía los plátanos? ¿A los monos les gustan los plátanos? ¿Los monos comían los plátanos o los asaban a la parrilla? ¿Es bueno el sabor de los plátanos a la parrilla? ¿El chico comió los plátanos o salió del zoológico? ○

Hooks: El chico se fue a comer cacahuates con los elefantes, que tienen la nariz muy grande. / Hizo una parrillada de plátanos con los monos.

Vocabulary

el puesto
Mime making tortillas by hand.
asado
Mime grilling.
grasoso
Mime wiping greasy hands on a napkin.

Personalized questions and answers

1. ¿Qué comidas son grasosas? ¿Qué comidas no son grasosas? ¿Te gusta la comida grasosa o prefieres la comida sin grasa? ¿Prefieres la carne grasosa? ¿Qué carne es grasosa?

2. ¿Te gusta más el pollo asado o el pollo al horno? ¿Te gusta la carne asada? ¿Cuál es la manera mejor de preparar la carne? ¿Tienes una parrilla? ¿Puedes hacer una parrillada?

3. ¿Has comido en un puesto? ¿Qué preparan en los puestos? ¿Es seguro comer en los puestos en todos los países? ¿Prefieres comer en un puesto o en un restaurante elegante?

Personalized mini-situation

L1: (el restaurante) *[Names of two students]* siempre tenían mala suerte en los restaurantes. Un día fueron a un restaurante y le dijeron al camarero: "Denos pollo a la parrilla y ensalada". Esperaron unos momentos, y luego el camarero les trajo carne de res asada muy grasosa. Se le olvidó la ensalada. *[Student 1]* le dijo: "Tráigame una limonada, por favor". Después de unos momentos, el camarero les trajo unos refrescos. *[Student 2]* le dijo: "No pedimos refrescos, y esta carne asada es muy grasosa". El camarero les respondió a los dos: "Si no les gusta la comida aquí, ¡váyanse! También les pidió: "Pero, páguenme por la comida". A *[student 1]* no le gustaba su comida. No le gustaba la carne grasosa. Le dijeron al camarero que no la iban a pagar. El camarero les dijo: "¡Váyanse a la calle, porque hay un puesto muy cerca con comida muy buena y mejor servicio!"

Ask the story

L1: (el restaurante) ¿Quiénes tenían mala suerte en los restaurantes? ¿Entraron en un restaurante? ¿Cómo se llamaba el restaurante? ¿Qué le pidieron al camarero? ○ ¿Le pidieron pollo asado y una ensalada o le pidieron chocolate y helado? ○ ¿Le dijeron: "Denos pollo a la parrilla," o le dijeron: "Denos una ensalada"? ○ ¿Qué les trajo el camarero? ¿Les trajo pollo a la parrilla o carne de res asada muy grasosa? ○ ¿Al mesero se le olvidó la ensalada o la trajo? ○ ¿Qué le dijo *[student 1]* cuando se le olvidó la ensalada? ¿Le dijo: "Tráigame una limonada, por favor," o le dijo: "Tráigame un refresco, por favor"? ○ ¿El camarero les trajo refrescos? ¿Qué dijo *[student 2]*? ¿El camarero le dijo que se fuera del restaurante? ¿Quién dijo: "Váyanse"? ○ ¿El camarero quería que los estudiantes le pagaran? ¿Qué les dijo: "Páguenme por la comida"? ¿A *[student 1]* le gustaba su comida? ¿Le gustaba la carne grasosa? ¿Qué le dijeron al camarero los dos estudiantes? ¿Cómo les respondió el camarero? ¿Les dijo: "Váyanse a otro restaurante" o "Váyanse a la calle a un puesto"? ○ ¿Dónde estaba el puesto? ¿El puesto estaba cerca o el puesto estaba lejos? ○ ¿Por qué les recomendó un puesto? ¿Porque tenía comida buena y mejor servicio?

Hooks: El cocinero en el puesto era el hermano del camarero. / Al camarero le gustaba la carne de res grasosa y se comió la comida de los estudiantes.

brief© Pearson Education, Inc.

7B Personalized Mini-Situation C

Read Fondo cultural (p. 384).

Vocabulary

la leña
Mime picking up firewood.

mojado(a)
Mime wringing out something wet.

seco(a)
Mime taking clothes out of a dryer.

cielo
Look up at the sky.

la fogata
Mime warming hands at a fire.

Personalized questions and answers

1. ¿A quién le gusta ir de cámping? ¿Te gusta hacer fogatas cuando vas de cámping? ¿Se puede? ¿Te gusta mirar las estrellas en el cielo mientras vas de cámping? ¿Quién va de cámping frecuentemente? ¿Y quién nunca ha ido de cámping?
2. Cuando haces una fogata, ¿recoges leña para el fuego u otro miembro de tu familia recoge la leña? ¿Es mejor buscar leña mojada o seca?
3. ¿Qué haces cuando tienes ropa mojada cuando vas de cámping? ¿La secas? ¿Cómo?

Personalized mini-situation

L1: (cerca del río) [Student 1] y [student 2] iban de cámping. [Student 1] había ido de cámping muchas veces, pero era la primera vez que [student 2] iba. Los dos querían pasar la noche mirando el cielo y admirando las estrellas. Primero, [student 1] dijo: "Busquemos leña para la fogata". Los dos buscaron leña. [Student 2] se subió a una piedra mojada mientras estaba buscando leña y se cayó al río. [Student 1] se rió y recogió más leña para la fogata.
L2: (la tienda de acampar) [Student 2] tenía frío. Le preguntó a [student 1]: "¿Qué se debe hacer con la leña?" [Student 1] le respondió: "Enciéndela y siéntate cerca del fuego". Vio que la ropa estaba mojada y le dijo: "Necesitas ropa seca. Seca la ropa en el fuego". [Student 2] se quitó la chaqueta y los zapatos y los tiró al fuego.

Ask the story

L1: (cerca del río) ¿Quiénes iban de cámping? ¿[Student 1] había ido de cámping muchas veces? ¿Cuántas veces? ¿Era la primera vez que [student 2] iba o era experto(a)? ○ ¿Querían pasar la noche mirando el cielo y admirando las estrellas? ○ ¿[Student 1] dijo: "Busquemos **leña** para la **fogata**," o dijo: "Tranquilo. No es un león"? ○ ¿Los dos buscaron **leña**? ¿Quiénes buscaron **leña**? ¿[Student 2] se subió a **una piedra mojada** mientras estaba buscando **leña**? ¿De dónde se cayó? ¿De **una piedra mojada** o **de una piedra seca**? ○ ¿Quién se subió a **una piedra** mientras estaba buscando **leña**? ○ ¿Se cayó al río? ¿Quién se cayó? ¿[Student 1] se rió y recogió más **leña** para la **fogata**? ¿De dónde recogió más **leña** para la **fogata**?
L2: (la tienda de acampar) ¿[Student 2] tenía frío? ¿Por qué tenía frío? ¿Qué le preguntó [student 1]? ¿Le preguntó: "¿Qué se debe hacer con la **leña**?"? ○ ¿Qué le respondió [student 1]? ¿Le dijo: "Enciéndela y siéntate cerca del fuego," o solamente se rió? ○ ¿Vio que la ropa estaba **seca** o **mojada**? ¿Dijo: "Seca la ropa en el fuego"? ¿[Student 2] secó la ropa? ○ ¿Cómo secó la ropa **mojada**? ○ ¿Se **quitó** la ropa? ¿Se quitó la chaqueta? ¿Se quitó los zapatos? ¿Los tiró al fuego?

Hooks: Tiró el resto de su ropa al fuego.

TEMA 7

TPR Stories for *Realidades 2* **101**

7B Extended Reading

Read ¡Adelante! Lectura (pp. 390-391).

La sencillez del cámping

Martín quería ir de vacaciones al aire libre en El Yunque. Es un bosque tropical en Puerto Rico. Martín quería leer libros, dar caminatas y tocar su guitarra cerca de una fogata. Su hermana, Bianca, lo acompañó porque a los dos les encantaban las aventuras. Decidieron ir de cámping.

Bianca le dijo a Martín: "Haz una mochila con sólo las cosas necesarias". Pero Martín no la escuchó. En la mochila Martín trajo 34 libros, repelente para las moscas, un paraguas, mucha comida, una camisa, fósforos, una parrilla pequeña y una guitarra grande. Cuando vinieron las nubes, Martín sacó el paraguas. Los hermanos vieron aves y boas en peligro de extinción y la Cascada la Mina mientras seguían por el sendero. Martín sacó su cámara de la mochila y sacó unos fotos. La mochila era muy pesada. Bianca llevó una mochila muy ligera. Trajo una camisa extra y un cepillo de dientes.

A los dos les encantaba el aire libre. Dieron una caminata de 13 millas en el bosque. Era muy difícil para Martín porque tenía una mochila pesada. Se cayó en unas piedras por el peso de la mochila. Su hermana le dijo: "¡No te caigas! ¡Deja la guitarra grande!"

Cuando llegaron al campamento, Martín puso la tienda de acampar individual. Bianca le dijo: "No la pongas donde hay piedras". Martín recogió leña para una fogata. "Trae leña seca. Esta leña está mojada", le dijo Bianca.

Martín encendió el fuego en la parrilla y también hizo una fogata. Sacó carne de res grasosa y pavo y los asó en la parrilla. Sacó frutas de su mochila pesada y preparó una ensalada de frutas con sandía, melones, piña, durazno y cerezas. Las cerezas tenían un sabor dulce. Sacó frijoles y tortillas de harina y maíz también. Después, sacó su guitarra y cantó y tocó la guitarra. Más tarde, fue a la pequeña tienda de acampar con una linterna y leyó sus libros dentro de la tienda de acampar. Aunque llovió, Martín estuvo seco toda la noche.

El olor de la comida era fabuloso. Bianca tenía mucha hambre. Durmió en el suelo, al aire libre, debajo del cielo, fuera de la tienda de acampar. Por la noche oyó los coquís. Le dolió la espalda porque estaba durmiendo sobre piedras. Llovió por la noche y se despertó mojada y con hormigas en el pelo. Casi se come el cepillo de dientes.

Martín se despertó y le dio un sándwich de pavo con mostaza, mayonesa y aguacates. Bianca llevó la mochila de Martín el resto del día.

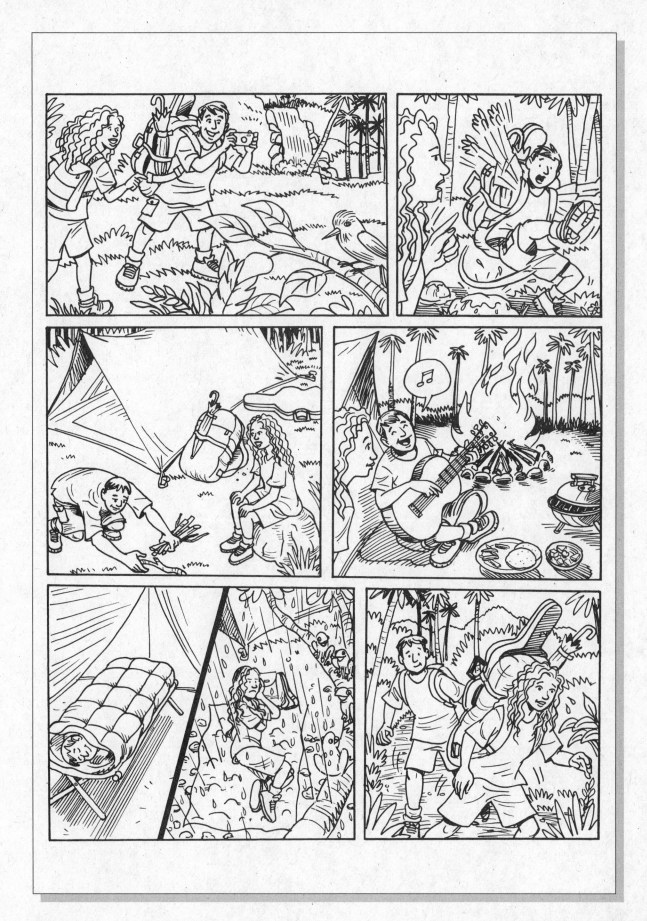

Tema 8

Cómo ser un buen turista

8A Cognate Reading

Read ¡Adelante! Lectura (pp. 418–149).

Álvaro aburrido

Hace unos meses mi novia me dijo que yo era aburrido. Me dijo: "Álvaro, tendremos que hacer algo emocionante e interesante porque eres aburrido y nunca sales de la casa conmigo". Me dijo todo esto antes de salir.

Pasé toda la noche en la Red buscando ideas porque quería ser más espontáneo. Fui a la biblioteca también. Por fin, encontré algo interesante:

Las islas Galápagos: Especialmente protegidas, viven en este ecosistema 37 especies de reptiles, 192 tipos de aves, 1.025 variedades de plantas (143 con propiedades medicinales) y una multitud de insectos.

Quería ir a las islas Galápagos inmediatamente. Quería ser espontáneo. Quería ver las tortugas gigantes. Salí en tres minutos. Fui inmediatamente al aeropuerto y traté de comprar un boleto para las islas Galápagos. El empleado del aeropuerto me dijo que es imposible viajar a Ecuador sin pasaporte.

Por eso, fui por un pasaporte. Esperé dos meses por mi pasaporte. Después fui a una agencia de viajes porque decidí que quería planear mis vacaciones con un experto. Quería un vuelo directo a las islas Galápagos. Descubrí que no hay vuelos directos. Tuve que pasar por Quito. Primero hice una reservación para un vuelo a Quito. Después quería ir en otro avión con destino a las islas Galápagos. Según el agente, tenía que hacer una reservación para el vuelo a las islas Galápagos también.

Por fin, casi cuatro meses más tarde, fui al aeropuerto. Pasé por la inspección de seguridad. La inspección de seguridad duró 24 minutos. El viaje a Quito duró muchas horas. Los otros pasajeros no tenían mucha paciencia. Yo tuve mucha paciencia. Tuve mucha paciencia porque había esperado mucho tiempo. El piloto les dijo a los pasajeros: "Insisto en que tengan paciencia. Es un viaje muy largo". Por fin, el piloto nos dijo: "Bienvenidos a Ecuador".

En el aeropuerto había turistas por todas partes. Tomé una excursión organizada dirigida por un guía naturalista. Fue la mejor experiencia de mi vida. Me saqué una foto con una tortuga gigante y se la envié a mi ex novia.

8A Personalized Mini-Situation A

Read A primera vista (pp. 402–403). Read Videohistoria (pp. 404–405) and watch ¡Buen viaje! Read Fondo cultural (p. 400).

Vocabulary

de ida y vuelta
Hold your index finger in front of your body pointing forward, move forward in an upward arc and then pull back in downward arc to show "round trip."

abierto
Open your arms wide.

el vuelo
Put both arms out to the sides to mimic airplane wings.

factura su equipaje
Mimic handing suitcases off.

Personalized questions and answers

1. Cuando viajas en avión, ¿compras un boleto de ida y vuelta o solamente de ida? ¿Por qué? ¿Prefieres los vuelos directos? ¿Has tomado un vuelo muy largo? ¿Adónde?
2. ¿Por qué hay auxiliares de vuelo en un avión? ¿Los auxiliares de vuelo son simpáticos o antipáticos? ¿Facturas tu equipaje o lo llevas al asiento?
3. Cuando sales de casa, ¿dejas la puerta abierta o cerrada? ¿A qué hora está abierto el centro comercial? ¿Tomas medicina si la botella ya estaba abierta?

Personalized mini-situation

L1: (la casa de Dumbo) Un día, Dumbo gana un boleto de ida y vuelta a Disneylandia. A Dumbo no le gusta Disneylandia pero le gusta comer cacahuates durante el vuelo. Disneylandia está abierto todo el año. Dumbo decide ir en agosto.

L2: (el aeropuerto) Cuando llega al aeropuerto, el auxiliar de vuelo sugiere que facture su equipaje. Tiene *[number]* paquetes de cacahuates en su equipaje.

L3: (el avión) Durante el vuelo, el auxiliar de vuelo le sugiere a Dumbo que pida unos cacahuates y una bebida. Dumbo le sugiere al auxiliar de vuelo que le traiga unos cacahuates y una bebida. Dumbo mira el paquete de cacahuates y ve que está abierto. Dumbo le sugiere al auxiliar de vuelo que le traiga otro paquete de cacahuates que no esté abierto. Dumbo le trae otro paquete. Pero este paquete está abierto también. Dumbo le sugiere que compre paquetes que no estén abiertos. El auxiliar de vuelo sugiere que compre paquetes que no están abiertos. El auxiliar de vuelo bebida. También sugiere que no diga nada más sobre los cacahuates. Dumbo se pone muy furioso. El auxiliar de vuelo sugiere que salga del avión si no le gustan los cacahuates.

Ask the story

L1: (la casa de Dumbo) Un día, un elefante gana un boleto de ida y vuelta. ¿Cómo se llama el elefante? ¿Dónde vive? ¿Hay muchos elefantes allí? ¿Cómo gana un boleto de ida y vuelta? ¿Un boleto de ida y vuelta para dónde? ¿Por cuánto tiempo? ¿A Dumbo le gusta (el lugar de destino)? ¿Qué le gusta? ¿Está abierto todo el año (el lugar de destino)? ¿Cuándo decide ir?

L2: (el aeropuerto) ¿Por qué sugiere el auxiliar de vuelo que Dumbo facture su equipaje? ¿Sugiere que facture su equipaje porque no hay mucho espacio en el avión? ○

L3: (el avión) Durante el vuelo, ¿qué le sugiere Dumbo al auxiliar de vuelo? ¿Sugiere que le traiga unos cacahuates o una bailarina? ○ ¿Sugiere que le traiga una bebida? ¿Qué tipo de bebida? ○ ¿Está abierto o cerrado el paquete de cacahuates? ¿Cuántos cacahuates hay en el paquete? ¿Qué le sugiere Dumbo al auxiliar de vuelo? ¿Que le traiga otro paquete de chicle que no esté abierto o que le traiga otro paquete de cacahuates que no esté abierto? ○ ¿Qué le dice el auxiliar de vuelo? ¿Le trae otro? ¿Este paquete está abierto también o está cerrado? ○ ¿Qué le dice Dumbo al auxiliar de vuelo? ¿Qué le sugiere? ¿Que compre paquetes que no estén abiertos? ¿Qué le sugiere el auxiliar de vuelo? ¿Que tome su bebida? ¿Sugiere que no diga nada más? ¿Cómo reacciona Dumbo? ¿Se pone furioso o contento? ○ ¿El auxiliar de vuelo le sugiere que salga del avión? ○ ¿Cómo reacciona Dumbo?

Hooks: Dumbo gana el boleto de ida y vuelta en una caja de Capitán Crujiente. / Solamente hay tres onzas de bebida en su vaso porque el auxiliar de vuelo quiere que todo el mundo comparta la bebida.

Read Fondo cultural (p. 409).

Vocabulary

hacer un viaje
Hold up a pretend ticket (boarding pass) in your hands.

cerrado
Open your hands and arms, then bring them together to "close".

la salida
Point to the exit of the room.

la aduanera / el aduanero
Mime rummaging through luggage.

Personalized questions and answers

1. ¿Adónde has hecho un viaje? ¿Haces un viaje cada año durante las vacaciones de primavera? ¿Alguna vez hiciste un viaje muy largo? Si vas a México o a Canadá, ¿hay que mostrar el pasaporte al aduanero? ¿Tienes que pasar por la aduana si vas a Puerto Rico? ¿Qué buscan los aduaneros en las maletas?

2. ¿Cuándo está cerrada la escuela? ¿Qué tipo de tienda nunca está cerrada?

3. ¿Cuántas salidas hay en la escuela? ¿Por qué hay tantas salidas en los lugares públicos?

Personalized mini-situation

L1: (el avión) A dos chicos traviesos les gusta viajar. Se llaman *[boy's name]* y *[girl's name]*. Deciden hacer un viaje por avión a Thunder Bay, Ontario. Cuando llegan a Thunder Bay, la auxiliar de vuelo les dice que la salida está cerrada. *[Girl]* está furiosa porque quiere ir a Thunder Bay. Insiste en que la auxiliar abra la salida, pero la salida queda cerrada. Así que regresan a California.

L2: (el coche) Los chicos deciden hacer el viaje en coche. Van otra vez a Thunder Bay, y cuando llegan, van a la aduana. El aduanero les dice que Thunder Bay está cerrada. Así que regresan a California.

L3: (California) En Hermosa Beach, hablan del problema de la salida cerrada en el avión y el problema con el aduanero en Thunder Bay. *[Boy]* insiste en que vayan a Las Vegas porque nunca está cerrada.

Ask the story

L1: (el avión) ¿Dónde viven los chicos traviesos? ¿Cómo se llaman? ¿Adónde quieren **hacer un viaje**? ○ ¿Deciden **hacer un viaje** a Thunder Bay, Ontario? ○ Cuando <u>llegan</u> a Thunder Bay, ¿qué <u>les</u> dice **la auxiliar de vuelo**? ¿Les dice que **la salida** está **cerrada** o que **la salida** está **abierta**? ○ ¿Cómo reacciona *[girl]*? ¿Adónde van? ¿**Es un vuelo de ida y vuelta**? ¿Regresan a Hermosa Beach o a Malibu Beach?

L2: (el coche) ¿Qué deciden *[boy]* y *[girl]*? ¿Adónde deciden **hacer un viaje**? ○ ¿**Hacen un viaje** en coche o **hacen un viaje** en tren? ○ Cuando <u>llegan</u> otra vez a Thunder Bay, ¿adónde van? ¿Van a <u>la</u> **aduana**? ¿**La aduana** está **abierta** o **cerrada**? ○ ¿Qué <u>hace</u> **el aduanero**? ¿Busca en **el equipaje**? ¿Qué les dice **el aduanero** a los chicos? ¿Les dice que Thunder Bay está **cerrado** o **abierto**? ○ ¿Es normal? ¿Cómo reaccionan los chicos? ¿Qué hacen? ¿Hacen otro viaje? ¿Regresan a California?

L3: (California) De regreso a California, ¿hablan del problema de **la salida cerrada** en el avión y del problema con **la aduana cerrada** en Thunder Bay? ¿*[Boy]* insiste en que vayan a otro lugar? ¿Adónde? ○ ¿Insiste en que vayan a Las Vegas? ¿Por qué?

Hooks: Thunder Bay no está cerrada; ¡el aduanero está loco! / California está cerrado también.

8A Personalized Mini-Situation C

Vocabulary

la llegada
Take a step forward as if you are arriving somewhere.

extranjero
Point to a place far away, to indicate foreign parts.

la puerta de embarque
Pretend to take tickets, as if you were a gate agent.

Personalized questions and answers

1. Después de la escuela, ¿esperas la llegada de tus padres o ellos esperan tu llegada? ¿Esperas la llegada de tu profesor(a) de español con mucha emoción cada día?

2. ¿Conoces a algún extranjero? ¿Has hecho un viaje a un país extranjero alguna vez? ¿Has sido extranjero(a) alguna vez en otro país?

3. ¿Llegan o salen los pasajeros por la puerta de embarque? ¿Cuántos minutos antes del vuelo hay que estar en la puerta de embarque? ¿Qué haces tú cuando estás esperando en la puerta de embarque?

Personalized mini-situation

L1: (la puerta de embarque) Hay un extranjero que se llama Bufón. Es de Saturno. Saturno es un lugar extranjero. Bufón no habla español pero tiene una novia que habla español. Ella es de Tampico, México. Un día en Tampico, México, Bufón espera la llegada de su novia en el aeropuerto porque ella estuvo de vacaciones en Júpiter. Bufón no habla español, así que no se da cuenta de que está esperando en la puerta de embarque. Espera la llegada de su novia veintiocho años pero ella nunca llega.

L2: (la aduana) Bufón va a la aduana e insiste en que la aduanera le explique por qué su novia no ha llegado. La aduanera le explica que la puerta de embarque no es para la llegada de los vuelos. Pero Bufón no entiende lo que ella dice porque la aduanera habla otro idioma. Por fin, la aduanera recomienda que Bufón espere la llegada del avión de su novia en [*fast-food restaurant*].

L3: (el restaurante) Bufón tiene mucha hambre después de esperar la llegada de su novia veintiocho años. Los empleados sugieren que Bufón coma treinta y ocho hamburguesas y que beba leche. Después de ocho horas en el restaurante, les dice a los empleados que tiene que esperar la llegada de su novia. Cincuenta horas más tarde, el avión llega y la novia de Bufón quiere que le dé treinta y dos besos en la mano.

Ask the story

L1: (la puerta de embarque) ¿Cómo se llama el extranjero? ¿De dónde es el extranjero? ○ ¿Qué idioma habla su novia? ¿De dónde es la novia? ¿Dónde espera Bufón la llegada de su novia? ○ ¿Espera la llegada de su novia en el aeropuerto de Tampico o en Júpiter? ○ ¿Espera su llegada en la puerta de embarque? ○ ¿Por qué espera la llegada de su novia en la puerta de embarque? ¿Bufón habla español? ¿A su novia le gusta hacer viajes? ¿Dónde está de vacaciones ahora? ¿Por qué no se da cuenta Bufón que está esperando la llegada de su novia en la puerta de embarque? ¿Porque no habla español? ¿Cuánto tiempo espera la llegada de su novia? ¿Qué hace mientras espera la llegada de su novia en la puerta de embarque?

L2: (la aduana) ¿Adónde va (Bufón) para pedir información? ¿Le pide información a un extranjero? ¿Va a la aduana a pedir información? ○ ¿En qué insiste que la aduanera le explique? ¿La aduanera explica que la puerta de embarque no es para la llegada de los vuelos o la aduanera insiste en que él se vaya? ○ ¿Bufón entiende o no entiende lo que ella dice? ¿Por qué? ¿La aduanera habla otro idioma? ¿Dónde recomienda la aduanera que Bufón espere la llegada del avión de su novia?

L3: (el restaurante) ¿Bufón tiene mucha hambre después de esperar la llegada de su novia por fin? ¿Llega su novia por fin? ¿Qué quiere la novia de Bufón? ¿Quiere que le dé treinta y dos besos en la mano o sólo quiere que le dé un abrazo?

Hooks: Juega un videojuego mientras espera la llegada de su novia. / La novia quiere que se duche porque huele a hamburguesas.

8A Extended Reading

Read **Fondo cultural** *(p. 407).*

El viajero infeliz (Primera parte)

Eugene es un hombre de negocios. Hace viajes 43 veces cada año. Viaja del aeropuerto de Miami al aeropuerto Luis Muñoz Marín en San Juan, Puerto Rico, y después al aeropuerto Jorge Chávez en Lima, Perú y después a Ministro Pistarini en Buenos Aires. Pero Eugene tiene un problema. El problema es que no le gusta volar. No le gusta su trabajo. ¡No está contento! Solamente quiere estar con Elizabet.

Siempre está tan nervioso durante los vuelos que no puede ni dormir ni leer. En el aeropuerto, los empleados siempre le dicen: "Señor, le sugerimos que aborde en seguida. Ya estamos listos para salir". Cuando entra por la puerta de embarque, empieza a gritar como un loco. Los empleados insisten en que deje de gritar. Los empleados no permiten que los pasajeros griten en el avión. La auxiliar de vuelo le dice: "Quiero que respire profundamente". La auxiliar de vuelo siempre le dice: "Señor, prefiero que me suelte la mano porque tengo que trabajar". A veces, Eugene se levanta y corre de un lado a otro por el pasillo del avión. El piloto les dice a los pasajeros: "Se prohíbe caminar en los pasillos durante el vuelo. Quiero que todos los pasajeros estén en sus asientos. Necesito que tengan paciencia. Tendremos que esperar que todos los pasajeros estén en sus asientos".

Esta semana Eugene hace un viaje de ida y vuelta a Buenos Aires en la línea aérea Aerolíneas Argentinas. No tiene mucho equipaje. Tiene una maleta pequeña. Solamente va a estar ocho horas en Buenos Aires.

Cuando hace la maleta pequeña, su esposa, Elizabet, mira la maleta abierta en la cama y le dice: "Te recomiendo que pongas un cepillo de dientes en tu maleta". Aunque Eugene hace muchos viajes, no hace su maleta muy bien. Siempre se le olvida algo.

Cuando llegan al aeropuerto, Elizabet le dice: "Quiero que sepas que te amo muchísimo". Eugene no factura su maleta pequeña. Elizabet le dice: "Te recomiendo que me llames del avión si no puedes respirar".

Eugene besa a Elizabet y, de pronto, se da cuenta de que no le gusta su vida. No quiere abordar el avión a Buenos Aires solo. No le gusta viajar solo. No le gusta su trabajo. No quiere ir a Buenos Aires. Quiere ir a Barbados.

(continuará…)

Photocopy for students.

© Pearson Education, Inc.

8B Cognate Reading

Read Fondo cultural (p. 433).

La vida buena en San Juan

Enrique tenía la vida muy aburrida. Trabajaba demasiado y nunca se divertía. Un día, recibió una tarjeta postal estupenda de una amiga aventurera que estaba visitando San Juan, Puerto Rico. En la tarjeta postal había una foto de un castillo que parecía un palacio. En el otro lado de la tarjeta postal su amiga escribió: "Es importante que vengas. Es necesario que te diviertas antes de que mueras. Te espero en El Morro el martes próximo. Voy en una excursión el miércoles".

Enrique miró su escritorio con todo su trabajo y decidió que no quería ofender a su amiga. Trajo su teléfono celular y su computadora portátil y salió para el aeropuerto. Por lo general, es bueno llevar el pasaporte al viajar, pero afortunadamente no es necesario tener pasaporte para viajar a Puerto Rico. En el avión, trabajó en la computadora.

Enrique era un hombre muy puntual. El domingo llegó a San Juan y fue a la recepción de un hotel. El empleado atento del hotel le ofreció una habitación doble, pero Enrique no la necesitaba. Pidió la llave de una habitación individual. Pasó el resto de la noche haciendo llamadas de larga distancia y trabajando en la computadora.

El lunes, Enrique pasó por la ciudad y fue a la oficina de turismo y a un cajero automático. Salió en una excursión con una guía que hablaba español. Miró los palacios famosos y los castillos antiguos en la parte más antigua de la ciudad. Entró en la catedral histórica. Le gustaron mucho las artesanías de la ciudad. Pasó el resto de la noche haciendo llamadas telefónicas y usando su computadora portátil.

El martes por la mañana, fue a la fortaleza de El Morro en la parte histórica de San Juan. Buscó a Catalina. Esperó a Catalina. Catalina nunca era puntual. Llegó después de mucho tiempo. Catalina y Enrique pasaron el resto del día sin un itinerario concreto. Catalina le dijo: "Es mejor que no vayamos con guía". Pasaron por la ciudad admirando la arquitectura típica de San Juan.

Enrique se divirtió tanto con Catalina que no quería regresar nunca a su oficina. Llamó a su jefe. Le dijo: "Es importante que busque otra persona nueva para hacer mi trabajo". Donó su computadora y su teléfono celular a una organización social y pasó el resto de la vida aprendiendo el esquí acuático en Puerto Rico con Catalina.

8B Personalized Mini-Situation A

Read A primera vista (pp. 426–427). Read Videohistoria (pp. 428–429) and watch Un día en Toledo. Read Fondos culturales (pp. 424, 436).

Vocabulary

regatear
Hold up 2 fingers on your left hand then hold up 5 on your right hand (your one hand is bargaining with the other for the best price).

siguiente
Move your hand in a short arc away from your body to indicate the "next" one.

la propina
Mime taking money out of your pocket and putting it on a table.

disfrutar de
Throw your hands up into the air and say "woohoo!"

Personalized questions and answers

1. ¿Dónde puedes regatear? ¿Puedes regatear en [department store]? ¿Por qué regateas? ¿Regateaste alguna vez en un viaje? ¿Disfrutas mucho de viajar? ¿Disfrutas de regatear o te pones incómodo(a) si tienes que regatear?

2. ¿Cuál es tu primera clase del día? ¿Cuál es la clase siguiente? ¿Qué clases tienes mañana? ¿Y el día siguiente?

3. Cuando comes en un restaurante, ¿dejas una propina grande? ¿Dejas una propina grande si el camarero no es atento?

Personalized mini-situation

L1: (un puesto en la playa) Hay un chico que se llama Scuba Steve. A Scuba Steve le gusta regatear cuando está en México. Le gusta regatear con pesos. Él disfruta de todo en México. Disfruta de la gente, de la playa y especialmente de la comida. Scuba Steve no tiene mucho dinero, así que regatea mucho. Un día, Scuba Steve regatea en la playa con un vendedor de [soft drink]. Compra la [soft drink] por cuarenta y cinco mil pesos. Trata de darle una propina al vendedor, pero el vendedor le dice: "Tal vez no recuerdas. No es necesario que me des una propina. Es necesario que vayas a hablar con otro vendedor".

L2: (otro puesto en la playa) Scuba Steve regatea con otro vendedor en la playa. El siguiente vendedor tiene [other soft drink]. Scuba Steve regatea por quince mil nanosegundos. De repente, llega [famous U.S. singer] con una [soft drink]. Scuba Steve disfruta mucho de la música de [singer]. Scuba Steve regatea con [singer] por un segundo y compra el [soft drink] por tres mil pesos. Scuba Steve la da a [singer] una propina y [singer] le dice: "Es bueno que recuerdes que a nosotros en los Estados Unidos nos gustan las propinas. Es malo que no recuerdes que a los mexicanos no les gustan las propinas".

Ask the story

L1: (un puesto en la playa) ¿Scuba Steve **disfruta** más de **regatear** con pesos o con dólares? ○ ¿**Tal vez disfruta** de **regatear** con dinero de Monopolio? ¿De qué más **disfruta** en México? ¿**Disfruta** más de la gente? ¿**Disfruta** más de la playa o **disfruta** más de la comida? ○ ¿Por qué **regatea** tanto? ¿Le falta dinero? ¿En dónde **regatea** Scuba Steve? ○ ¿Con quién **regatea**? ¿Para qué **regatea**? ¿Cuánto tiempo **regatea**? ¿A quién trata de darle **una propina**? ¿Trata de darle **una propina** al vendedor? ¿Qué le dice el vendedor? ¿Le dice: "**Tal vez** no recuerdas. No es necesario que me des **una propina**" o le dice: "¡Sí! Deme **una propina** grande!"? ¿El vendedor le dice: "Es necesario que vayas a hablar con otro vendedor"? ¿Cuándo? ¿**Tal vez** a las dos en punto?

L2: (otro puesto en la playa) ¿Adónde va Scuba Steve a **regatear**? ¿**Regatea** con otro vendedor? ¿Qué **vende** el **siguiente** vendedor? ¿Cuánto tiempo **regatean** los dos? ¿Quién llega de repente? ¿De qué **disfruta** Scuba Steve? ¿Disfruta de su música o de su perfume? ○ ¿Regatea con [singer]? ¿Por cuánto tiempo **regatea**? ¿**Disfruta de regatear**? ¿Qué compra? ¿Por cuánto dinero? ¿Qué le da a [singer]? ¿Cómo se la da? ¿Qué le dice [singer] a Scuba Steve? ¿Cuándo habla [singer] con Scuba Steve? ¿Hablan toda la noche?

Hooks: A Scuba Steve le gusta regatear en México porque MTV está en Cancún durante las vacaciones de primavera. / Scuba Steve decide vender bebidas en la playa y aceptar propinas.

Read ¡Adelante! Lectura (pp. 442–443).

Vocabulary

el quiosco
Mime grabbing a magazine from a newstand.
el cajero automático
Mime the various functions you perform at an ATM machine.
cambiar dinero en la casa de cambio
Mime entering currency exchange, and say ¡necesito cambiar euros por dólares!
el vendedor, la vendedora
Extend your right hand up and outward toward the back to show all of the things that you are selling.

Personalized questions and answers

1. ¿Hay muchos quioscos donde vives? ¿Qué se puede comprar en un quiosco? ¿Hay vendedores en los quioscos? ¿Conoces a un vendedor o a una vendedora?

2. ¿Cuánto cuesta utilizar un cajero automático? ¿Los cajeros automáticos a veces se comen las tarjetas? Si un cajero automático se come tu tarjeta, ¿qué haces?

3. ¿Cambias el dinero en un banco o lo cambias en una casa de cambio? ¿Hay una casa de cambio en tu ciudad (aldea, barrio)?

Personalized mini-situation

L1: (el supermercado) Hay una chica que se llama Ana. Ana es rica pero no es muy lista. Un día decide ir al supermercado en Huehuetenango, Guatemala, pero sólo trae dinero de Monopolio. Los vendedores en el supermercado le dicen a Ana: "Es importante que tengas el dinero apropiado. Tienes que ir a la casa de cambio para cambiar tu dinero".

L2: (la casa de cambio) Ana decide ir a la casa de cambio. En la casa de cambio no cambian dinero de Monopolio.

L3: (el cajero automático) Así que busca un cajero automático. Finalmente encuentra un cajero automático. Cuando mete su tarjeta en el cajero automático, el cajero automático se la come. Ana se pone furiosa. Le pregunta a un vendedor que trabaja en un quiosco muy cerca: "¿Hay un cajero automático cerca de aquí que no coma tarjetas? Es importante que tenga dinero". El vendedor del quiosco le responde: "Es necesario que te diviertas sin dinero, porque aquí en Guatemala hay muchas cosas más importantes que el dinero".

Ask the story

L1: (el supermercado) ¿Con qué quiere pagar Ana en Huehuetenango, Guatemala? ¿Qué le dicen los empleados del supermercado en Huehuetenango? ¿Le dicen a Ana: "Es importante que tengas el dinero apropiado"? ○ ¿Le dicen: "Tienes que ir a la casa de cambio para cambiar tu dinero" o le dicen: "Tienes que ir a un quiosco para cambiar tu dinero"? ○

L2: (la casa de cambio) ¿Adónde decide ir Ana? ¿A la casa de cambio o al quiosco? ○ ¿En la casa de cambio cambian dinero de Monopolio o no cambian dinero de Monopolio? ○ ¿Cuál es la moneda de Guatemala? ¿Qué cambian en la casa de cambio?

L3: (el cajero automático) ¿Qué busca Ana después? ¿Busca un cajero automático o busca una propina? ¿Dónde encuentra un cajero automático? ¿Qué pasa cuando mete su tarjeta en el cajero automático? ¿El cajero automático le da dinero o se come la tarjeta? ¿Cuándo se la come el cajero automático? ¿A la una y veinticinco de la tarde? ¿Cómo reacciona Ana? ¿Qué le pregunta a un vendedor que trabaja en un quiosco muy cerca? ¿Le pregunta si hay un cajero automático muy cerca que no coma tarjetas? ¿Por qué le pregunta al vendedor si hay otro cajero automático cerca? ¿Cómo reacciona el vendedor del quiosco? ¿Le responde: "Es necesario que te diviertas sin dinero" o le responde: "Es necesario que te diviertas con globos, pasteles y helado"? ○ ¿Por qué le responde: "Es importante que te diviertas sin dinero"? ¿Hay muchas cosas en Guatemala que son más importantes que el dinero? ¿Qué piensa el vendedor? ¿Qué piensas tú? ¿Qué es más importante que el dinero? ¿Puede Ana comer sin dinero? ¿Puede Ana dormir en un hotel sin dinero?

Hooks: Ana gana un campeonato de Monopolio y gana mucho dinero guatemalteco. / El cajero automático se come la tarjeta de biblioteca de Ana.

8B Personalized Mini-Situation C

Read Perspectivas del mundo hispano (p. 444). Read Fondo cultural (p. 440).

Vocabulary

la llave
Mime turning a key in a lock.

conseguir
Mime reaching into a bag to get something.

la habitación doble, la habitación individual
Draw square in the air and then hold up 2 fingers; for a single, open arms and then hold up 1 finger.

Personalized questions and answers

1. ¿Cuántas llaves tienes en tu llavero? ¿Para qué son las llaves? ¿Tienes una llave para algo muy secreto? ¿Qué es?
2. Cuando viajas con tus padres, ¿consiguen ustedes una habitación doble o consiguen dos habitaciones individuales? 3. ¿Cuesta más una habitación doble que dos habitaciones individuales?

Personalized mini-situation (Primera parte)

L1: (la recepción del hotel) Ricitos de Oro está de vacaciones en Granada, España. Llega por tren y decide conseguir una habitación doble en un hotel. Va a un hotel que es como un castillo. Ricitos de Oro habla con el empleado de la recepción, y él le dice que tienen habitaciones dobles e individuales. Le da a Ricitos de Oro la llave de una habitación doble.

L2: (la primera habitación) Ricitos de Oro abre la puerta de su habitación. No es una habitación doble. Es una habitación individual. Ve que hay un oso en la habitación. El oso huele un poco mal. El oso es muy cortés y insiste en que Ricitos de Oro cene con él en la habitación ocupada.

L1: (la recepción del hotel) Ricitos de Oro habla con el empleado de la recepción otra vez y le dice que quiere conseguir otra habitación. Le dice: "Es importante que tenga una habitación doble sin animales". El empleado le da la llave de la habitación número mil cuatrocientos dos.

(continuará la historia en la siguiente página …)

Ask the story

L1: (la recepción del hotel) ¿Dónde está de vacaciones Ricitos de Oro? ¿Qué quiere <u>conseguir</u>? ¿Quiere conseguir una habitación en un hotel? ¿Quiere conseguir una **habitación doble** o quiere conseguir una **habitación individual**? ○ ¿Adónde va para **conseguir una habitación**? ¿Con quién habla? ¿Qué le dice el empleado? ¿Le dice que tienen **habitaciones dobles e individuales**? ¿Le dice que sólo tienen **habitaciones dobles**? ¿Qué <u>le da</u>? ¿Cómo es la llave? ¿Le da la llave de **una habitación doble** o le da la llave de **una habitación individual**? ○

L2: (la primera habitación) ¿Quién está en la **habitación** <u>cuando</u> Ricitos de Oro abre la puerta? ¿Cómo es? ¿Cómo huele? ¿Qué le dice a Ricitos de Oro? ¿Le dice que la **habitación** está ocupada o que **la habitación está** <u>cerrada</u>? ○ ¿Insiste en que cene con él o insiste en que sea la cena? ○

L1: (la recepción del hotel) ¿Con quién habla Ricitos de Oro otra vez? ¿Regresa a la **recepción** o regresa a Seattle? ○ ¿Qué le dice al empleado? ¿Le dice que quiere **conseguir** otra **habitación doble** <u>sin</u> oso o que quiere **conseguir** otra **habitación doble** <u>con</u> más animales? ○ ¿Le dice: "<u>Es</u> <u>importante que tenga</u> una **habitación doble** sin animales"? ○ ¿Quién dice: "Es importante que tenga **una habitación** individual sin animales"? ¿Qué le da el **empleado**? ¿Cómo es el **empleado**? ¿Es **cortés**? ○ ¿Le da la llave para qué **habitación**?

Hooks: Al oso le falta desodorante. / Ricitos de Oro quiere una habitación con un animal que huela a *[name brand of deodorant].*

Vocabulary

hacer ruido
Yell out loud to make noise.

cortés
Mime holding a door open and gesturing for someone to go through it first.

Personalized questions and answers

1. ¿En qué clase haces mucho ruido? ¿Quién es el estudiante que hace más ruido en la escuela? ¿Es cortés hacer mucho ruido?
2. ¿Quieres que la gente sea más cortés? ¿Cómo? ¿Es posible ser demasiado cortés? ¿Quién es la persona más cortés de la escuela?

Personalized mini-situation (Segunda parte)

L1: (la recepción del hotel) Ricitos de Oro tiene mala suerte con habitaciones. Esta vez, habla en términos más específicos. Le dice al empleado: "Quiero conseguir una llave para una habitación doble que no tenga animales". Es muy cortés todavía, pero hace un poco de ruido. El empleado le da otra llave.

L2: (la segunda habitación) Cuando Ricitos de Oro abre la puerta, ve que hay otro oso. Este oso huele bien. Huele a rosas. El oso no es cortés. Le dice: "Es necesario que duermas en otra habitación". El oso hace mucho ruido.

L1: (la recepción del hotel) Frustrada, Ricitos de Oro habla con el empleado por última vez. Hace mucho ruido cuando habla con el empleado porque Ricitos de Oro está de mal humor. No es cortés cuando habla. Ricitos de Oro no quiere conseguir una habitación doble con un oso que no es cortés. Prefiere conseguir una habitación con un oso que sea cortés pero que huela mal. Quiere que el empleado le dé la llave para la primera habitación. Quiere que el primer oso le invite a ella a cenar otra vez.

Ask the story

L1: (la recepción del hotel) ¿Ricitos de Oro tiene mala suerte con **habitaciones**? ¿Cómo habla esta vez? ¿Le dice al empleado: "Quiero conseguir una llave para una **habitación doble** que no tenga animales" o le dice: "Quiero conseguir una llave para una **habitación** en otro hotel"? ○ ¿Es **cortés** cuando habla o no es **cortés**? ○ **¿Hace** un poco de **ruido** o **hace** mucho **ruido**? ○ ¿Cómo **hace ruido**? ¿Qué hace el empleado?

L2: (la segunda habitación) ¿Qué ve Ricitos de Oro en la segunda habitación? Cuando Ricitos abre la puerta, ¿qué ve en **la habitación**? ¿Alguien está en **la habitación**? ¿Cómo huele este oso? ¿Huele a rosas? ¿Cómo es? ○ ¿Es **cortés** o es antipático? ○ ¿Le dice: "Es necesario que duermas en otra habitación" o le dice: "Esta comida es demasiado caliente"? ○ ¿El oso **hace mucho ruido** o **hace poco ruido**? ○ ¿Cómo **hace ruido**?

L1: (la recepción del hotel) ¿Adónde regresa Ricitos? ¿Cómo regresa? **¿Hace mucho ruido**? ¿Cómo está? ¿Está de mal humor o está durmiendo? ○ ¿Qué **le dice** al empleado? ¿Le dice: "Es necesario que me des **una habitación doble** con un oso que sea **cortés**"? ¿Grita o habla **de manera cortés** al empleado? ¿Qué habitación prefiere? ¿Ricitos de Oro quiere conseguir una **habitación doble** con un oso que no sea **cortés**? ¿Prefiere conseguir **una habitación individual** con un oso que huela mal? ¿Prefiere conseguir **una habitación** con un oso que huela mal? ¿Quiere que el empleado le dé **la llave** para la primera habitación o que le dé **la llave** para la segunda habitación? ○ ¿Quiere que el primer oso le invite a ella a cenar otra vez o quiere que le invite a correr? ○ ¿Todas las habitaciones en el hotel tienen osos? ¿Por qué?

Hooks: El hotel se llama [*famous motel chain*]. / El oso se llama Winna el Pupú porque huele muy mal.

8B Extended Reading

Read Fondo cultural (p. 424).

El viajero infeliz (Segunda parte)

Continuación…

Eugene se sienta en el avión. Ha llegado a las tres en punto. Está muy nervioso. De pronto, una mujer empieza a hacer mucho ruido en otra parte de avión. Empieza a gritar: "¡Tengo miedo! ¡No quiero volar! ¡Voy a morir! ¡Puedo ver el futuro!" Los auxiliares de vuelo le dicen: "Es importante que Ud. deje de gritar. No hay ninguna emergencia." Pero todos los pasajeros empiezan a gritar: "¡Ella puede ver el futuro! ¡Vamos a morir! ¡Abra la puerta!"

Eugene también tiene miedo, pero no está gritando. No puede ver el futuro. Los auxiliares de vuelo abren las puertas. En cinco minutos, todos los pasajeros están en el aeropuerto otra vez.

Cuando Eugene sale del avión, corre a buscar a Elizabet. Tal vez todavía está en el aeropuerto. No toma el ascensor. Toma la escalera para ir más rápido. Tal vez Elizabet todavía está en el aeropuerto. Sí, la ve sacando dinero de un cajero automático. Cuando Eugene la ve, ya no tiene miedo. La abraza y le dice: "Vámonos. Quiero que vengas conmigo. Nunca más quiero viajar solo".

Elizabet y Eugene van a otra línea aérea y compran dos boletos para Barbados. Eugene no tiene miedo en el vuelo. Al llegar, van a una casa de cambios a cambiar dinero. Luego van al hotel. En la recepción encuentran un empleado muy cortés y piden una habitación doble. Consiguen la llave e inmediatamente van a la playa. Eugene quiere ir en moto acuática con su bella esposa, Elizabet. Ya no tiene miedo de nada. Navegan en un bote de vela también y disfrutan de todo.

Al día siguiente hacen una gira de Barbados y compran artesanías. Después compran periódicos de una vendedora en un quiosco y pasan el resto del día leyendo en la playa. No regatean con la vendedora; por eso pagan dos mil dólares por cada uno. Después, le dan una propina grande a la vendedora. No son turistas con mucha experiencia. Pero a Eugene y Elizabet no les importa. Eugene nunca más va a volar en avión. Va a vivir en la isla muchos años con Elizabet. Elizabet le dice a Eugene: "Eugene, es importante que enviemos una tarjeta postal a esa mujer loca del avión, porque ha sido un verdadero ángel para nosotros".

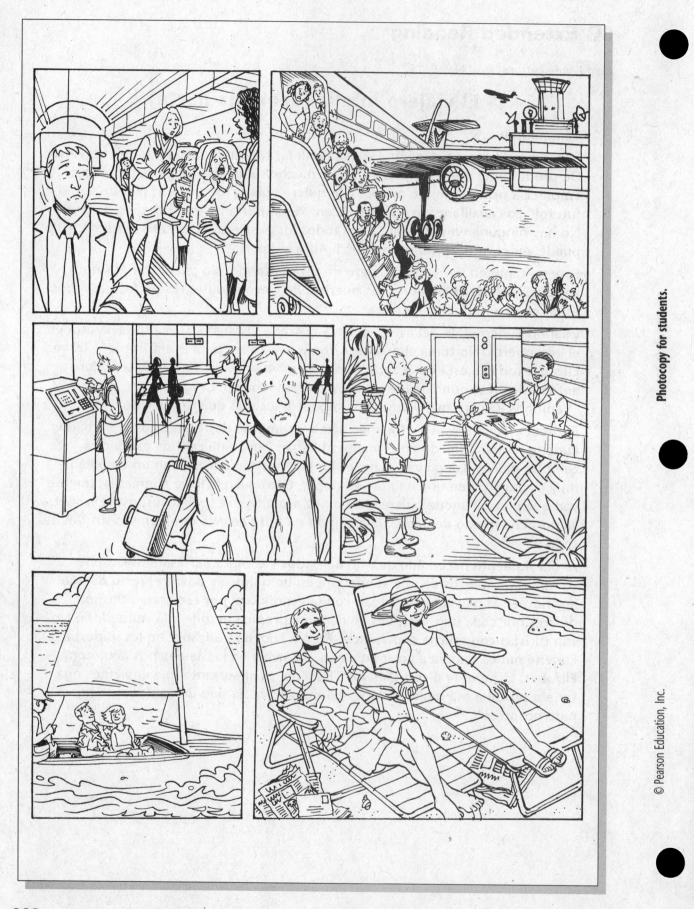

Tema 9

¿Cómo será el futuro?

9A Cognate Reading

Read ¡Adelante! Lectura (pp. 468–469). Read Fondos culturales (pp. 458, 466).

Algún día seré...

En la fiesta después de la graduación, mis compañeros de clase se reunieron para decir qué carrera iban a seguir en el futuro. Todos tenían planes para su profesión.

"Quiero ser veterinario. Podré trabajar en un zoológico", nos dijo mi amiga Amanda.

"Saldré de los Estados Unidos y viviré en otro país. Seré guía turístico y haré excursiones a lugares exóticos", nos dijo Natán.

"Seré científica y descubriré la cura para el cáncer. No es seguro que lo pueda hacer, pero lo intentaré", nos dijo Lisa.

"Seré político y cambiaré todo el mundo", añadió Paulo, el presidente de nuestra clase.

"Mis padres son agricultores. Mis abuelos eran agricultores. Viviré en la granja de mi familia y seré agricultor también", nos dijo Samuel.

"Mis padres y abuelos eran militares. Dicen que los militares tienen muchos beneficios. Seré militar y después iré a una escuela técnica. Me gustan mucho las matemáticas y seré contador", nos dijo un estudiante. Nadie sabía su nombre.

"Solamente quiero trabajar en mi coche y comprar más coches. Tendré mi propio taller de mecánica. Seré mecánico", nos dijo Marcos.

"El arte es mi materia favorita. No estoy segura de que llegue a ser una pintora famosa, pero expondré mi arte en las galerías de Nueva York algún día", nos dijo Hilda.

Mike quería ser arquitecto. Lucinda quería ser secretaria. Esteban quería estudiar derecho y enseñar.

"Como el español siempre ha sido mi materia favorita, creo que escribiré libros bilingües. Querré escribir en español", dije yo.

Nos abrazamos y nos dijimos el uno al otro: "Seguro que es posible hacerlo. ¡Suerte!" Pero cuando salimos, pensamos que era imposible que todos los compañeros de clase pudieran hacer lo que querían hacer. No es seguro que todos podamos salir de nuestro pueblo pequeño... Ni siquiera yo estoy seguro de poder hacerlo.

(Continuará al final del capítulo...)

9A Personalized Mini-Situation A

Read A primera vista (pp. 452–453). Read Videohistoria (pp. 454–455) and watch Y tú, ¿qué vas a ser? Read Fondo cultural (p. 450).

Vocabulary

habrá
Point straight ahead to indicate something is coming in the future.

el idioma
Say, español.

seguir una carrera
Mime flipping the tassle on your mortar board to indicate you are now ready to follow your career.

el dueño, la dueña
Gesture to include the entire room, then point to yourself.

Personalized questions and answers

1. ¿Cuántos idiomas hablas?
¿Cuántos idiomas quieres hablar?
¿Por qué es importante hablar más de un idioma? ¿Crees que habrá más oportunidades para ti en el futuro si hablas más de un idioma?

2. ¿Qué carrera quieres seguir?
¿Quieres seguir más de una carrera?
¿Es importante estudiar mucho para seguir una carrera?

3. ¿Quieres ser dueño(a) de una compañía? ¿Sería divertido ser dueño(a) de una compañía? ¿Qué compañía? ¿Por qué?

Personalized mini-situation

L1: (la compañía) Hay una mujer que se llama *[girl's name]*. Ella es dueña de una compañía en Nuevo México. Busca un secretario que hable los idiomas marciano, chino y gato porque la compañía tendrá muchos clientes diferentes.

L2: (Pensacola) Un día la dueña decide ir a Pensacola (Florida) porque habrá allí una conferencia de secretarios. En la conferencia encuentra un secretario casi perfecto, pero no habla los idiomas necesarios.

L3: (otro lugar) Va a *[nearby state/city]* porque habrá allí otra conferencia de secretarios. En *[nearby state/city]* los secretarios no quieren seguir la carrera de secretario.

L4: (la universidad) Finalmente, la dueña va a la graduación de los alumnos de la Universidad de *[name of university]* y encuentra al secretario perfecto.

Ask the story

L1: (la compañía) ¿Quién es **la dueña** de la compañía? ○ ¿Dónde queda la compañía? ¿Qué busca la dueña? ¿Busca **un secretario** que hable muchos **idiomas?** ¿Busca **un secretario** que hable **un idioma** o busca una secretaria que hable muchos **idiomas?** ○ ¿Busca **un secretario** que hable **el idioma** francés o busca un secretario que hable **el idioma** marciano? ○ ¿Busca **un secretario** que hable italiano o busca **un secretario** que hable chino? ○ ¿Busca **un secretario** que hable japonés o busca **un secretario** que hable gato? ○ ¿Por qué? ¿Tendrá muchos clientes diferentes la compañía? ¿Tendrá clientes marcianos? ○

L2: (Pensacola) ¿Adónde va **la dueña** a buscar **secretarios?** ○ ¿Dónde ¿Por qué? ¿**Habrá** una conferencia de **secretarios?** ○ ¿**Dónde habrá** una conferencia de **secretarios?** ○ ¿Encuentra a **un secretario** casi perfecto? ¿Por qué no es perfecto?

L3: (otro lugar) ¿Adónde va **la dueña** después? ¿**Habrá** otra conferencia? ¿**Habrá** una conferencia para quiénes? ○ ¿Quieren **seguir la carrera** de **secretario** o quieren **seguir la carrera** de marcianos? ○

L4: (la universidad) Finalmente, ¿adónde va *[girl]*? ¿Encuentra a **un secretario** perfecto? ¿Qué **idiomas** habla? ¿Por qué?

Hooks: El secretario habla marciano y chino pero habla gato con acento de vaca. / Hay muchos marcianos en Nuevo México.

Vocabulary

ganarse la vida
Mime turning over a check and endorsing it.

el hombre de negocios, la mujer de negocios, los negocios
Mime holding a briefcase by your side.

Personalized questions and answers

1. ¿Cómo quieres ganarte la vida? ¿Cómo se ganan la vida tus padres? ¿Quién quiere ganarse la vida vendiendo insectos?

2. ¿Quién quiere ganarse la vida como hombre de negocios o mujer de negocios? ¿Sería divertido ganarse la vida en los negocios? ¿Sería más divertido ganarse la vida como hombre (mujer) de negocios o como superhéroe? ¿Es difícil ganarse la vida como superhéroe?

Personalized mini-situation

L1: (la oficina de una veterinaria) Hay un hombre de negocios que se llama *[boy's name]*. Decide ganarse la vida vendiendo insectos. Tendrá una compañía muy grande llamada *[company name]*. Se ganará la vida vendiendo insectos gigantes a pájaros, ranas y dinosaurios ricos. Un día, *[boy]* va a la oficina de una veterinaria. A los animales que están en la sala de espera les dice: "Quiero que compren los insectos que yo vendo". Hay un pájaro que se llama *[bird's name]*. A *[bird]* no le gustan los insectos. Le dice a *[boy]*: "No creo que no te los vaya a comprar".

L2: (la oficina de otro veterinario) El hombre de negocios va a la oficina de otro veterinario. Hay una rana en la sala de espera del veterinario. La rana se gana la vida trabajando como mecánica y también se dedica a los negocios. Se llama *[frog name]*. A la rana sólo le gustan los insectos pequeños. Le dice a *[boy]*: "Quiero que me vendas todos los insectos que tengas". El hombre de negocios responde: "No creo tener todo lo que quieres". En este momento entra un dinosaurio bilingüe. El dinosaurio también quiere comprar los insectos. Dice: "A veces me como a los hombres de negocios que no me venden todos los insectos que tienen". *[Boy]* le vende todos los insectos que tiene al dinosaurio. La rana llora.

Ask the story

L1: (la oficina de una veterinaria) ¿Cómo se llama **el hombre de negocios**? ¿Cómo quiere **ganarse la vida**? ¿Decide **ganarse la vida** vendiendo papas o decide **ganarse la vida** vendiendo insectos? ○ ¿Tendrá una compañía? ¿A quién le venderá insectos gigantes? ¿Los venderá a los pájaros? ¿Los venderá a las ranas o los venderá a los dinosaurios ricos? ○ ¿A quién NO los venderá? ¿Adónde va **el hombre de negocios**? ¿El **hombre de negocios** va a la oficina de **una veterinaria** o va a una casa de cambios? ¿Hay un pájaro? ¿Cómo se llama? ¿Cómo **se gana la vida** el pájaro? ○ ¿Al pájaro le gustan los insectos? ¿Qué le dice al **hombre de negocios**?

L2: (la oficina de otro veterinario) Luego, ¿adónde va el **hombre de negocios**? ¿Va a la oficina de otro **veterinario**? ¿Quién está en la sala de espera **del veterinario**? ¿Es una rana o un elefante? ¿Cómo **se gana la vida**? ¿Es **mecánica** o **pintora**? ¿También se dedica a los **negocios**? ¿Se dedica a los **negocios** o también es **agricultora**? ¿Cómo se llama? ¿Qué dice la rana? ¿Quiere insectos grandes o pequeños? ¿Quiere comprar todos los insectos que tiene el hombre de negocios? ¿Quién más entra en la sala de espera **del veterinario**? ¿Es **un hombre de negocios** o es un dinosaurio bilingüe? ¿Quién compra todos los insectos? ¿Los compra la rana o el dinosaurio? ○ ¿Qué dice el dinosaurio? ¿Cómo reacciona la rana?

Hooks: El hombre se llama Donald Gates. / **Se gana la vida** vendiendo torta de mosquitos y pizza con cucarachas.

Vocabulary

el cartero, la cartera
Mime opening a mailbox and putting a letter inside.
el abogado, la abogada
Stand up and lift one finger on one hand as if to say "I object," your honor."
la ley
Mime opening a big, heavy legal book.

Personalized questions and answers

1. ¿Quién quiere ganarse la vida como abogado(a) o como cartero(a)? ¿Te gustaría más ganarte la vida como cartero(a) o como superhéroe?
2. ¿Siempre obedeces las leyes? ¿Crees que sería interesante ser abogado(a) e interpretar la ley?
3. ¿Cuál es el trabajo más importante? ¿El trabajo de abogado o el de cartero?

Personalized mini-situation

L1: (la corte) Hay una abogada que se llama [girl's name]. Ella tiene mala suerte. Es una abogada pobre. Tiene mala suerte porque no tiene poderes extraordinarios. La abogada quiere interpretar la ley, pero como tiene mala suerte, los jueces siempre le gritan y le dicen que es una abogada mala. No gana un salario muy bueno. [Girl] llora.

L2: (la tienda de poderes extraordinarios) La abogada decide comprar poderes extraordinarios. Se los compra a [famous superhero]. Piensa que necesita más poderes extraordinarios.

L3: (la casa de la abogada) Decide regresar a su casa y comprar otros poderes extraordinarios en la Red. El anuncio de la Red dice que uno "tendrá todos los poderes extraordinarios necesarios por solamente mil quinientos dólares". Se los compra a [other famous superhero] por mil quinientos dólares. También ofrecen una garantía de que el cartero entregará los poderes extraordinarios a domicilio en una caja en dos microsegundos. Por fin, [girl] piensa que tendrá todos los poderes extraordinarios necesarios. Decide regresar a los tribunales en un milenio y sabe que ganará porque será una abogada muy buena.

Ask the story

L1: (la corte) ¿Cómo se llama la abogada con mala suerte? ¿La abogada tiene mala suerte o los clientes de la abogada tienen mala suerte? ¿Qué le falta a la abogada? ¿Le faltan poderes extraordinarios? ¿Es posible que obtenga poderes extraordinarios? ○ ¿Es dudoso que encuentre poderes extraordinarios? ○ ¿La abogada quiere interpretar la ley o quiere interpretar una caja de cereal? ○ ¿Los jueces siempre le gritan que ella nunca ganará? ¿Los jueces le gritan que es una abogada buena? ○ ¿Le dicen que es imposible que gane porque es una abogada mala? ¿Qué salario tiene?

L2: (la tienda de poderes extraordinarios) ¿Qué le falta a la abogada? ¿Le falta un buen programa de estudios o le faltan poderes extraordinarios? ○ ¿Qué decide comprar? ¿Decide comprar a un juez o decide comprar poderes extraordinarios? ○ ¿A quién se los compra? ¿A [famous superhero]?

L3: (la casa de la abogada) ¿[Girl] comprará más poderes extraordinarios en la Red? ¿Cuánto costarán los poderes extraordinarios? ¿Quién los llevará a su casa? ¿Otro superhéroe los llevará o el cartero los llevará? ¿Dentro de cuánto tiempo traerá el cartero los poderes extraordinarios a la casa de la abogada? ○ ¿Es posible que tenga todos los poderes extraordinarios que necesitará? ¿Ganará? ¿No es seguro que gane? ¿Tendrá suerte como abogada o tendrá suerte como cartera? ○ ¿Tendrá suerte como superhéroe?

Hooks: La abogada se llama Dame Todotudinero. / Compra el poder de provocarle hipo a cualquier persona.

9A Personalized Mini-Situation D

Vocabulary

el ingeniero, la ingeniera
Mime unrolling large blueprint plans.

algún día
Put your hand to your forehead shading your eyes as you look toward the horizon.

Personalized questions and answers

1. ¿Quién quiere ser ingeniero(a) algún día? ¿Podrás hacerlo en menos de dos años? ¿En cuántos años lo podrás hacer?
2. ¿Sabrás qué carrera quieres seguir cuando te gradúes? Piensa en qué quieres ser algún día.
3. ¿Qué te gustaría más, ser ingeniero o ser pintor?

Personalized mini-situation

L1: (una cocina) Hay un hombre que se llama *[student's name]*. *[Student]* es ingeniero de cocinas. Un día, *[student]* está trabajando en una cocina cuando oye algo horrible. Llama al secretario de su compañía y le explica la situación. El secretario llama a un grupo militar para mejorar la situación. El grupo militar viene y busca el origen del ruido pero no encuentra nada.

L2: (otra cocina) Más tarde, *[student]* está trabajando en otra cocina y oye algo horrible otra vez. Así que llama al mejor ingeniero del mundo y le explica la situación. El mejor ingeniero del mundo le dice que algún día tendrá que buscar adentro del refrigerador porque es muy frecuente que haya monstruos en los refrigeradores. Finalmente, *[student]* abre el refrigerador y encuentra a un monstruo. Le pregunta al monstruo si está bien o si tiene algo. El monstruo le responde que tiene hambre porque no hay nada en el refrigerador y ese ruido viene de su estómago. No saldrá hasta que tenga algo de comer.

Ask the story

L1: (una cocina) ¿Cómo **se gana la vida** *[student]*? ○ ¿Es **ingeniero** o es **cartero**? ¿Es **ingeniero** de qué? ¿**Se gana la vida** como **ingeniero** profesional? ○ ¿**Algún día** será **ingeniero** de qué? ¿**Algún día** será **ingeniero** de computadoras o **algún día** será **ingeniero de trenes**? ○ ¿Qué oye **el ingeniero** mientras está <u>trabajando</u>? ¿Está en el baño o en la cocina cuando oye algo horrible? ¿A quién llama? ¿Llama **al secretario** o a **una artista**? ¿Llama a un grupo **militar** porque es posible que <u>pueda mejorar</u> la situación o llama al doctor Felipe porque es posible que pueda mejorar la situación? ○ ¿Quién viene para ayudar al **ingeniero**? ¿Viene pronto y busca el origen del ruido? ¿Qué encuentra?

L2: (otra cocina) ¿**El ingeniero** oye algo en otra cocina? ¿A quién llama? ¿Llama al mejor **ingeniero** del mundo por si acaso puede mejorar la situación? ¿Qué le dice el mejor **ingeniero** del mundo? ¿En dónde tendrá que buscar? ○ ¿Cuándo lo tendrá que buscar? ¿Lo tendrá que buscar **algún día** o lo tendrá que buscar inmediatamente? ○ ¿Qué encuentra por fin el **ingeniero**? ¿Encuentra a un monstruo o encuentra unas cucarachas? ¿Qué le pregunta el **ingeniero**? ¿Le pregunta si <u>saldrá</u> del refrigerador **algún día**? ¿Le pregunta si saldrá del refrigerador **algún día** o le pregunta si es posible que salga dentro de poco? ○ ¿Cómo está el monstruo? ¿Qué <u>tiene</u>? ¿Saldrá **algún día**? ¿Saldrá **algún día** o nunca saldrá? ○ ¿Qué <u>le falta</u>? ○ ¿El ingeniero duda que salga **algún día**? ○ ¿No saldrá hasta que tenga una chaqueta o hasta que tenga algo de comer? ¿Qué quiere comer?

Hooks: Está trabajando en el apartamento de *[celebrity]*. / Es el monstruo Comegalletas.

9A Extended Reading

Read **La cultura en vivo** *(p. 470). Read* **Fondo cultural** *(p. 463).*

Algún día seré... (Segunda parte)

(Continuación)

En la reunión final del año en que nos graduamos, decidimos que habría una reunión en veinte años. Íbamos a ver si alguien había logrado salir de nuestro pueblito. En veinte años lo sabríamos. Luego nos abrazamos y empezamos nuestras vidas.

Veinte años más tarde, hubo una reunión de la escuela secundaria. Todos vinieron a la escuela y empezaron a hablar de sus profesiones y de cómo se ganaban la vida.

Mike era el arquitecto que había diseñado el gimnasio nuevo de la escuela. Lisa era científica y había descubierto la cura para un tipo de cáncer. Lucinda era la jefa de todas las secretarias en la oficina del presidente de los Estados Unidos.

Hilda había seguido una carrera en las artes. Primero estudió los artistas naif porque le gustaba mucho el arte campesino. Era experta en el arte de Guanajuato. Pintaba cuadros muy distintos. Se ganaba la vida vendiendo sus pinturas en las galerías en Nueva York.

Natán me escribió que trabajaba para el Programa del Muchacho Trabajador en Ecuador. Ayudaba a niños y jóvenes pobres y protegía los derechos de los niños. No vino a nuestra reunión porque estaba viviendo en Ecuador y también trabajaba como guía turístico. No quería ser hombre de negocios nunca. Regresará algún día, pero por ahora quiere ser aventurero.

Marcos llegó en un carro antiguo que había arreglado en su taller de mecánica, la Clínica de Autos de Marcos. Me dijo que era el dueño de su propio taller. Samuel trabajaba en la granja de su familia. Algún día, sus hijos trabajarán en la granja con él.

Amanda había sido veterinaria por unos años y ahora se ganaba la vida como directora del zoológico de San Francisco. Paulo había seguido una carrera política. Era el senador de nuestro estado. Nos dijo que algún día sería presidente.

Esteban estudió derecho y fue abogado durante muchos años. Después fue director del programa de estudios de derecho en Harvard. Ahora era director de la Universidad de Harvard.

Y yo seguí estudiando idiomas. Escribo libros de cuentitos en español porque soy bilingüe.

9B Cognate Reading

Read A primera vista (pp. 476–477). Read Videohistoria (pp. 478–479) and watch ¡Caramba, qué calor!
Read Fondo cultural (p. 474).

El superhéroe del futuro

En el futuro habrá un superhéroe muy importante. Será el Hombre Medio Ambiente. Todos los niños lo mirarán desde la Tierra y dirán: "¡Mira! ¡Es HMA! ¡Es HMA! ¡Arriba!" Todos los niños gastarán dinero coleccionando tarjetas (como las tarjetas de béisbol) del Hombre Medio Ambiente. Cada tarjeta costará $49.99.

El Hombre Medio Ambiente pasará todo el tiempo protegiendo el medio ambiente contra la guerra y reduciendo la contaminación. Reducirá la contaminación porque tendrá poderes extraordinarios. El Hombre Medio Ambiente tendrá muchos poderes. Además, el Hombre Medio Ambiente pasará mucho tiempo protegiendo la naturaleza. Pasará el tiempo volando sobre los desiertos, valles y océanos protegiéndolos de la destrucción ecológica. Volará por los valles y buscará personas que contaminen los ríos en los valles. Entrará en ciertas casas por la noche y apagará el aire acondicionado para conservar electricidad. Apagará el aire acondicionado porque no hace calor por las noches y es mejor no gastar la electricidad.

Por las mañanas entrará en las casas y les recordará a las personas que deben tomar duchas más cortas. Les dirá que la situación es muy grave e insistirá en que no tomen duchas de más de cinco minutos. Capturará a la gente que trata de matar a los animales en peligro de extinción y los pondrá en la cárcel.

Por la noche, cuando haya paz en todo el mundo, el Hombre Medio Ambiente volará por las ciudades buscando botellas y latas y echándolas en contenedores apropiados. Los fines de semana plantará plantas y árboles en los parques nacionales. Le dirá a la gente que la energía solar es una manera más eficiente y económica de producir la electricidad. Enseñará a los profesores y los profesores enseñarán a los estudiantes. Explicará que la calefacción y el aire acondicionado que muchas personas utilizan no funcionan muy bien. Convertirá a muchas casas con calefacción que no funciona a casas que utilizan la energía solar.

Enseñará programas en las escuelas acerca de la importancia de eliminar la contaminación del agua para tener agua pura. Limpiará el agua contaminada con su visión de rayos X. Resolverá todos los problemas del mundo. Será un superhéroe verdadero.

Es posible que algún día salgas del baño después de una ducha de veinte minutos y veas al Hombre Medio Ambiente esperándote.

9B Extended Reading

Read ¡Adelante! Lectura (pp. 492–493). Read Perspectivas del mundo hispano (p. 494).

El club de ecología (Primera parte)

Gregorio está leyendo un cartel.

"Solamente cuando el último árbol esté muerto,
el último río esté contaminado,
y el último pez esté atrapado,
entenderemos que no se puede comer dinero".
—sabiduría indoamericana

Costa Rica usó esta frase en 1998 para el Día de la Tierra.

Gregorio piensa que es una frase muy importante. Mira a su alrededor y ve que su escuela está muy sucia. Hay latas y botellas de plástico por todas partes. Decide que quiere crear un club de ecología en su escuela. Primero, tiene que planearlo y proponerlo a la administración de la escuela. Por eso se junta con sus amigos y hacen una lista de metas que presentarán frente a la administración:

1. Crear reglas más estrictas en la escuela para mejorar el medio ambiente.
2. Empezar un programa de reciclaje de latas, periódicos y cartón para que podamos reducir la basura que producen los estudiantes cada día.
3. Juntarse con otras organizaciones en el pueblo para mejorar el medio ambiente por toda la Tierra y no sólo en nuestra escuela.
4. Caminar a la escuela en lugar de manejar, para reducir la contaminación del aire.
5. Reducir el uso de la calefacción durante el invierno y el uso del aire acondicionado durante el verano, para conservar electricidad.

La administración responde con una lista de posibles problemas. Escriben una respuesta:

1. Dudamos que los estudiantes quieran más leyes.
2. No es cierto que todos los estudiantes quieran participar en un programa de reciclaje.
3. Es imposible que todos los estudiantes vengan a pie a la escuela.
4. Además de estos problemas, no estamos seguros de que un club de ecología sea la mejor manera de mejorar las condiciones en la escuela.
5. No es cierto que haya suficiente interés en luchar contra las condiciones en la escuela.

Photocopy for students.

© Pearson Education, Inc.

9B Extended Reading

*Read **Fondos culturales** (pp. 481, 483, 485).*

El club de ecología (Segunda parte)

Gregorio hace un nuevo plan. Los estudiantes se juntarán para crear un plan para proteger el medio ambiente. Se juntarán después de la escuela. Escribirán el plan en una hoja de papel extra que encontrarán cerca de algunas latas y algunos periódicos.

1. Saldrán de la escuela a las tres y media de la tarde. Se juntarán cerca de la fuente después de la escuela.

2. Discutirán lo que pueden hacer además de crear un club de ecología.

3. Es posible que algunos de los estudiantes quieran ser parte de un grupo ecológico. Es posible que algunos de los estudiantes quieran caminar en un grupo a la escuela cada mañana. No está seguro de que todos lo hagan, pero muchos van a tratar de juntarse en la colina cerca de la escuela por las mañanas. ¡Qué bueno que no viven en una selva tropical! Sería mucho más difícil caminar a la escuela por una selva tropical que por una colina. Toma menos tiempo manejar a la escuela en coche, pero muchos decidirán que pueden caminar dos días a la semana.

4. Se juntarán con una organización en el pueblo dedicada a proteger el bosque y los espacios protegidos. Así podrán ayudar a toda la comunidad y luchar en contra de la contaminación del medio ambiente.

5. Además de juntarse con organizaciones en la comunidad, querrán hacer viajes a otros países para mejorar el medio ambiente en todo el mundo. Irán a Patagonia, Panamá, Ecuador y otros lugares.

Éste es el plan de Gregorio.

Pero en realidad, cuando por fin salgan de la escuela, los estudiantes dejarán botellas de plástico en muchos lugares de la Tierra. Dejarán latas por todas partes. Dejarán la hoja de papel con la lista de metas en varios lugares de la Tierra también. Todos saldrán en coches diferentes. Algún día estos estudiantes tendrán un club ecológico muy importante. Algún día organizarán un club tan increíble que viajarán a la Antártida para proteger el medio ambiente. Pero hoy… pondrán más gasolina en sus coches. Saldrán a comer en un restaurante de comida rápida. Comprarán comida en cajas de cartón, vasos de cartón y latas.

No es seguro que vayan a crear un club de ecología pronto, pero es seguro que lo van a hacer algún día. Lo tendrán que hacer porque no hay más espacio en sus coches para las latas y los cartones usados.